J. W. Rochester
psicografado por Wera Krijanowskaia

narrativas ocultas

boanova
editora

Dados Internacionais de Catalogação na Publicação (CIP)
(Câmara Brasileira do Livro, SP, Brasil)

Rochester, John Wilmot, Conde de (Espírito).
  Narrativas Ocultas / Conde J.W. Rochester ; médium mecânica Wera Krijanowskaia ; [traduzido para o português por Edith Nobrega Canto Ibsen, José Roberto B. Martinez]. -- 5. ed. -- São Paulo : Livraria Espírita Boa Nova, 1999.

  ISBN 85-87091-13-1

  1. Espiritismo 2. Médiuns 3. Psicografia 4. Romance inglês I. Krijanowsky, Wera. II. Titulo II. Título.

99-2142   CDD-133.93

Índices para catálogo sistemático:
1. Romances mediúnicos : Espiritismo 133.93

Impresso no Brasil/*Presita en Brazilo*

narrativas ocultas

"Existem no mundo dois mundos: aquele que a gente vê e o invisível. Um é tão real quanto o outro, ainda que não tenha aceitação sob a faculdade de apreciação dos sentidos - a inteligência. Eu deploro, sem os condenar, àqueles que não creem no mundo invisível."

Alphonse de Lamartine (1790-1869)

Instituto Beneficente Boa Nova
Entidade coligada à Sociedade Espírita Boa Nova
Av. Porto Ferreira, 1.031 | Parque Iracema
Catanduva/SP | CEP 15809-020
www.boanova.net | boanova@boanova.net
Fone: (17) 3531-4444 | Fax: (17) 3531-4443

7ª edição
Do 21º ao 22º milheiro
1.000 exemplares
Julho/2014

© 1999-2014 by Boa Nova Editora.

Capa
Direção de arte
Júlio Cesar Luiz
Designer
Juliana Mollinari

Diagramação
Juliana Mollinari

Tradução
Edith Nobrega C. Ibsen
José Roberto B. Martinez
Eduardo Pereira Cabral Gomes

Revisão
Edith Nobrega C. Ibsen
Thais Montenegro Chinellato
Maria de Lourdes Pio Gasparin

Coordenação Editorial
Júlio Cesar Luiz

Todos os direitos reservados. Nenhuma parte desta obra pode ser reproduzida ou transmitida por qualquer forma e/ou quaisquer meios (eletrônico ou mecânico, incluindo fotocópia e gravação) ou arquivada em qualquer sistema ou banco de dados sem permissão escrita da Editora.

O produto da venda desta obra é destinado à manutenção das atividades assistenciais da Sociedade Espírita Boa Nova, de Catanduva, SP.

Sumário

A Morte e a Vida 7

A Noiva do Amenti 49

A Urna 103

O Amor 141

O Cavaleiro de Ferro 155

Satã e o Gênio 193

Em Moscou 269

A Morte e a Vida

Na praia, junto ao mar, elevava-se uma elegante vivenda cercada de um grande jardim; as colunas brancas sustentavam os balcões e uma larga escada de mármore conduzia a um vasto terraço ornado de flores e de arbustos raros em vasos japoneses.

A vista do alto do terraço era linda; dum lado, por uma larga clareira, via-se o mar, tão azul quanto calmo, tão cinza quanto ameaçador, eriçado de vagas espumosas; do outro, o olhar se estendia sobre a espessa verdura do jardim, longas alas sombrias, enormes canteiros de flores multicoloridas e fontes que jorravam nas bacias de alabastro.

Quando o sol se deita, toda a natureza parece repousar, e as flores exalam seus mais suaves perfumes.

A essa hora, sobre o terraço, estava sentada uma

Irmã de Caridade, no severo costume da Ordem, tricotando um longo xale de lã. A seu lado, numa poltrona com rodinhas, prostrada, descansava em almofadas bordadas uma menina de doze anos presumíveis: o penhoar de cambraia guarnecido de rendas mal dissimulava sua magreza; as mãozinhas diáfanas repousavam sobre a coberta de seda azul que também cobria seus pés; os longos cílios projetavam sombra sobre suas faces cavadas e pálidas. Ela parecia dormir, e a Irmã fixava, às vezes com piedade e pesar, o doce rosto da menina, cercado como uma auréola pelos cachos de seus espessos cabelos louros.

Dali a pouco um passo leve se aproximou e um homem vestido de preto apareceu no terraço; era ainda jovem, se bem que seus cabelos e barba já se encaneciam; seus olhos refletiam grande bondade e profunda melancolia.

– Então, minha Irmã, como vai nossa doentinha? – perguntou ele em voz baixa.

– Está dormindo, Sr. doutor. Não tenho constatado nenhuma melhora em seu estado – respondeu a Irmã de Caridade.

O médico se inclinou, examinou a criança e se endireitou com um profundo suspiro.

– Será verdade que toda esperança está perdida?

Que golpe terrível a seus pobres pais! – murmurou a religiosa.

– Aí, minha Irmã, tudo está acabado. O mais triste em nossa ciência cega é ver o mal sem poder frequentemente lhe descobrir a causa. Veja esta criança! Está se consumindo em nossas mãos como uma cera ao sol. Por quê? Seus pulmões estão sadios, seu corpo bem constituído, e ainda assim a vida escapa por uma fissura invisível e nem sabemos por onde ela se vai... Daria um ano de minha existência para salvar Violeta. Ela está cercada de luxo, de amor, o que torna mais dura sua perda. Como exprimir minha amargura e minha dor quando eu velo junto ao leito de agonia de um pai ou uma mãe que são arrimos de uma família! De sua existência dependem os filhos pequenos que, jogados no caminho da vida, sem pão nem teto, podem se tornar vagabundos ou criminosos.

– É verdade, doutor, Violeta será um anjo a mais. Quanto tempo crê ela viverá ainda? E seu fim, será doloroso?

– Acho que não; ela se extingue como uma lâmpada que precisa de óleo. Provavelmente, em alguns dias, dormirá para não mais acordar. Voltarei esta noite ou amanhã cedo; não posso me decidir a dizer a verdade à mãe, mas devo preveni-la, e ao pai também, do inevitável.

– Ainda uma questão, Sr. doutor; desde alguns dias já Violeta nos suplica deixá-la à tarde no terraço, algumas horas ao menos, para ver a lua que ela tanto ama, e respirar o ar fresco; ela acha que se sufoca em seu quarto, mas... receando que ela pegue frio, nós temos sempre recusado.

– Deixe-a aqui, se ela assim o deseja; nada mais a pode prejudicar. E por que privá-la duma tão inocente alegria e do ar morno e embalsamado duma soberba noite de julho?

Ambos estavam separados, cada qual de um lado, mas à borda do terraço. Conversavam em voz baixa. Entretanto a doentinha havia acordado e, com seu fino ouvido, acompanhou cada palavra da conversação. Um sombrio pavor a tinha, por assim dizer, deixado imóvel em seus travesseiros.

Quando o médico e a Irmã que a acompanhava deixaram o terraço, ela se endireitou. Juntando as mãos, com os lábios trêmulos, murmurou numa voz ansiosa: "Meu Deus! eu devo morrer... o doutor disse... Então não é verdade que eu vou sarar; vou morrer, vou deixar meus queridos pais que tanto amo, todos os nossos bons servidores, meus companheiros de jogo e este lindo jardim. Ah! Quanto é duro! É assustador!" Fechou os olhos outra vez e, esgotada, encostou nos travesseiros.

Quando veio a Irmã de Caridade, Violeta se informou de onde estava sua mãe e, tendo sabido que se deitara por algumas horas, esgotada, a criança repetiu seu pedido de ficar no terraço.

– O doutor permitiu, meu bem. Vou somente cobri-la com este lençol de seda e ficará tanto tempo quanto queira.

– Então me leva até a balaustrada, para que eu veja bem o jardim – murmurou a doente.

Algumas horas se escoaram. A noite veio calma, silenciosa, embalsamada. A lua subiu, inundou de luar doce e argentino a sombria verdura das árvores, os feixes cintilantes dos esguichos de água e a face polida do mar; um rouxinol cantou nos bosques, e os perfumes embriagadores subiram dos canteiros em flor.

A Irmã de Caridade estava cochilando em sua poltrona, mas Violeta não dormia; seus olhos erravam cheios de lágrimas e medo sobre a radiosa paisagem que a rodeava. "Oh! Como estou desgraçada! Os passarinhos, as flores, o mais humilde inseto, tudo vive, respira, goza o sol bonito e a luz da lua, tão misteriosa e tão doce. A morte odiosa virá com seu crânio desnudo, seus olhos vazios e sua foice... cortará o fio de minha vida. Então ficarei rígida e imóvel como vovô, e me porão em um caixão estreito, e me enterrarão num fosso escuro, sozinha, longe dos que eu amo, e uma pedra bem pesada ficará em cima de mim..."

Ela teve um calafrio e fechou ao derredor de si o amplo lençol de seda e baixou a cabeça acabrunhada. Como se sentia infeliz! Mas a mãe dormia e não se podia acordá-la, tão fatigada ela estava! O pai tinha partido para uma viagem indispensável e só voltaria no dia seguinte. Estragar o sono da Irmã ela não queria de jeito nenhum.

Violeta suspirou, mas nesse momento seu olhar caiu sobre o jardim e ali ficou cravado, fascinado por um maravilhoso espetáculo: do cálice de cada flor se desprendia uma pequena sombra transparente, vestida com uma túnica muito leve, que parecia tecida de pétalas de rosas, de lírios, cravos ou miosótis; asas de libélulas ou de borboletas se erguiam de suas espáduas e, sobre a cabeça de cada uma, brilhava uma pequena chama azul em que se vislumbravam pequenos olhos acinzentados, de traços indistintos.

Como arrastadas pelo vapor, as sombrinhas turbilhonaram em espirais fantásticas, fechando e abrindo seus círculos vaporosos, por baixo, na relva e nas alamedas de areia.

De mãos dadas dançavam alegremente ao canto do rouxinol; depois, na água das bacias e na poeira diamantina dos esguichos de água, apareceram pequenas ondinas vestidas de túnica de nuvem e coroadas de plantas aquáticas; elas também pareciam felizes e dançavam fazendo roda ao clarão da lua.

"Ah! como elas são alegres! É que elas não devem morrer como eu. Oh! como gostaria de viver! Queridas almas das flores que tanto amo, venham me consolar!" E ela estendeu as mãozinhas diáfanas em direção aos grupos de bailarinas etéreas.

A dança parou instantaneamente. O apelo da criança tinha atingido o fino ouvido das almas das flores e, como uma nuvem de flocos multicoloridos, elas voaram até o terraço, cercaram Violeta, fixando-a com seus olhos brilhantes e alegres.

Algumas formazinhas mais luminosas e maiores que as outras se destacaram da massa e, inclinando-se à Violeta, exclamaram com espanto:

– Uma filha da terra, uma alma humana! E ela tem medo de morrer? Mas nós todas morremos; nossa vida é uma manhã de sol e uma noite de luar; depois vem a morte para nos levar no espaço como poeira criativa das esferas. E nós não temos medo da morte; ela é tão bela, tão doce! Ela nos transforma, de vida em vida, em espírito de luz que canta a glória e a bondade do Criador.

– Então você nunca viu a morte, alminha humana, e a teme?

— Eu a vi somente desenhada nos livros. Ela é odiosa: um esqueleto descarnado armado de uma foice! E aqueles que ela foiça, descem para um buraco escuro, selado com uma pedra pesada de sepulcro; e depois se está só, quando sopra a tempestade e o vento de inverno sacode os braços desnudados das árvores...

Violeta fechou os olhos sacudida de horror.

As ondinas, as libélulas, as almas das flores permutaram olhares espantados:

— Nós nunca vimos a morte assim! Você pode se convencer até a aurora. Você nos verá morrer, pois a vida duma flor ou de uma borboleta é curta, mas nós não nos queixamos; gozamos as doçuras da luz, degustamos a poeira melosa dos cálices de flores, bebemos a água cristalina do orvalho. Alegramos o olhar dos que nos veem; ornamos as cabeças e os domicílios dos vivos assim como o túmulo dos mortos. Nosso aroma acaricia o odor dos homens. Concentramos em nós o mistério da criação e as possantes forças curativas. Os homens passam ao nosso lado, ignorantes e cegos, e nos matam sem necessidade! Não importa! Nós cumprimos nossa parte na obra comum que Deus nos designou e partimos felizes para continuar a grande viagem.

Um vultinho sorridente, com grandes asas de libélula, aproximou-se, então, e disse:

— A morte, tal como você acaba de descrever, só aparece aos homens da matéria, que amam a escravatura do corpo mais que a liberdade do espírito e creem que depois da morte do corpo nada lhes resta. É por isso que ela lhes aparece na feiúra da velhice ou da decrepitude, por arrastar o pecador ao julgamento e à expiação. O crânio vazio que eles veem lhes diz que o egoísmo ali reina e nos olhos cavos jamais habitou um espírito belo e amante do próximo. A verdadeira morte é tão bela que somente o homem do mau desejo e materialista pode temê-la, criando uma ideia horrível em sua própria imagem.

Violeta se sentiu tranquilizada; a calma e a esperança renasceram em seu espírito, e ela contemplava com reconhecimento seus amigos aéreos que não a deixavam; eles se apertavam ao derredor dela, agrupando-se sobre seus joelhos, sobre o espaldar e sobre o braço da poltrona, e, como desafio, eles lhe contavam sobre as maravilhas das Esferas, onde, mudados em átomos luminosos, eles turbilhonavam, cooperando na grande obra da criação.

— E eu não poderia ali trabalhar também? – perguntou Violeta com animação.

— Oh! Certamente! E muito mais que nós, pois você é uma alma humana!

— Olhem, minhas irmãs – disse subitamente uma

libélula –, lá no horizonte, uma linha clara anuncia a aurora, e vejam esta grande sombra – é a Morte que avança para nos levar a outras Esferas.

Fremindo de emoção, Violeta fixou essa figura que lhe inspirava tanto horror e que talvez viesse à procura dela mesma.

Das profundezas do horizonte emergia uma gigantesca figura humana, vestida num vasto manto tecido de sombra e de luz; seu rosto pálido era grave e doce, seus olhos irradiavam quietude e repouso. Sobre sua testa, sóis formavam um diadema; dispersados entre seus longos cabelos soltos, cintilavam estrelas infinitas, parecendo cascatas luminosas. Os mundos não dependem dessa possante soberana que atravessa as sete Esferas, tocando com seu sopro poderoso os homens e as coisas, percorrendo infatigavelmente o universo infinito para o transformar? Nada lhe resiste! Ela entra em tudo, Ela atinge a tudo que respira!

Calma e grave em sua força e majestade, a Morte estacou diante das almas que pululavam ao derredor de Violeta e estas contemplavam a soberana com admiração e respeito. A soberana Morte se inclinou a elas, entreabrindo as vastas dobras de seu manto, e, como flocos de nuvens, todas ali foram tragadas, enquanto que seus corpos diáfanos se apagavam, e não restou deles mais que pequena flama que havia brilhado sobre suas frontes, essência divina e imortal, destinada a progredir e a atingir os cumes da perfeição.

Agora o olhar profundo da Rainha das Sombras se fixou em Violeta, pálida e trêmula.

– Você tem medo de mim, pequena alma humana – disse ela numa voz suave e harmoniosa. – Por quê? Não sou eu o repouso e a libertação? Veja como você sofre, privada pela doença de todas as alegrias próprias à sua idade. Você não quer vir aos meus braços e ali dormir um sono reconfortante e profundo?

A menina a olhou, dividida entre a admiração e o pavor; seus olhos erraram um momento sobre os objetos conhecidos e amados que a cercavam; depois, subitamente, ela estendeu as mãos juntas à aparição, dizendo num tom suplicante:

– A Senhora é bonita, mas afinal a Vida ainda é mais bonita. Ó Morte! Seja misericordiosa e clemente! Deixe-me viver!

Um sorriso enigmático surgiu nos lábios da Morte. Ao fim de um instante, ela respondeu:

– Seu corpo usado não tem mais seiva vital, não mais pode servir, mas posso conceder que viva em outro corpo. Vê lá, na borda do repuxo, aquela bela ondina que respira tão penosamente? Está esperando um raio de sol para expirar. Quer entrar em seu corpo e viver longo tempo nas profundezas do lago, ou no mar, ou no fundo da fonte, aquela que, como avalanche, desce a montanha? Você vai viver e sentir com sua alma humana as alegrias e as misérias da terra. Vai ver seus pais, mas será privada do amor, porque será uma ondina e não passará sobre a terra senão as horas do dia. Quando o sol se deitar, você retornará ao fundo das ondas, até que o primeiro raio do astro do dia volte. Mas devo ainda preveni-la duma coisa: se agora você escolhe a Vida, eu não a virei procurar senão como uma libertadora, pois não gosto dos que não reconhecem o grande benefício que lhes concedo, dos que lutam contra mim obstinadamente, que preferem sofrer, ficar estropiados, agonizar lentamente, decrépitos e horrorosos, aconchando-se à Vida, esta inimiga tenaz do homem, pedindo-lhe uma trégua, e me fugindo. Sou eu que dou a independência, a vitória sobre a matéria; eu que dou à alma prisioneira as asas possantes que a levantam até o infinito; que do escravo faço um senhor do espaço sem limites! E agora escolha: a Morte ou a Vida?

– Escolho a Vida! – murmurou Violeta.

– Seja. Vou então chamar meu competidor: que ele apresente a você o golpe envenenado que lhe parece tão doce e desejável!

Nesse momento um raio purpurino jorrou da terra e se transformou em um adolescente de beleza viril.

Membros robustos palpitavam, seus olhos lançavam chispas vigorosas, de suas narinas escapava um sopro possante que coloria de púrpura tudo o que atingisse; seus músculos pareciam de ferro, o corpo flexível, mas como se fosse de aço, em seu peito a força exuberante fervia, bramindo como lava na cratera do vulcão, exalando em todas as direções torrentes de luz e calor.

Violeta sentiu uma onda de fogo percorrer seu corpo friorento e esgotado e se refez, aspirando a plenos pulmões o ar fresco e acre da manhã.

– Eis o dispensador da vida, que percorre as veias dos seres e ao qual todos se agarram em desespero – disse a Morte, designando o adolescente que avançava entre ela e a menina. – Soberano autocrata da terra, é acolhido com alegria onde quer que passe; semeia flores sob seus pés, e aonde chega um ser vivo é aceito como dom precioso e o agradece bem alto! Veja, em tudo o que pisa surge luxuriante vegetação. Seu hálito anima a poeira, colore as flores, cria as humanidades que eu engulo; mas ele recua diante de mim e me odeia. Armados de um poder igual, lutamos: eu, temida e não reconhecida, pois não posso agradar; e ele, adorado, desde o primeiro dia da Criação. E os cegos não veem o quanto ele trai! Sob seu manto furta-cor ele oculta os germens de todos os vícios, todos os desejos que dilaceram a alma humana. Onde ele passa, cria necessidades e lutas inevitáveis para satisfazer aos homens;

e é para pôr fim ao exagero da avidez e do egoísmo que intervenho. De resto, você vai experimentar, pois escolheu a Vida...

O adolescente se inclinou sobre Violeta, sorrindo e, com sua mão nervosa, arrancou-lhe o coração. Este, entre seus dedos, transformou-se em uma fumacinha que ele lançou como uma flecha ao corpo da ondina, sobre o qual ele se debruçou, inundando-a de um eflúvio vivificante.

As faces vívidas da filha das águas se coloriram dum tom róseo; um suspiro elevou seu tórax e seus olhos esverdeados se abriram, animando-se de alegria e gratidão.

– Vive, então, criança cega, e adeus por longo tempo!... – disse a Morte – até que você me persiga, barre-me o caminho e me suplique de a despir do dom funesto da existência. Para me apreciar como mereço, pequena alma humana, vive... até à saciedade!

Ela se elevou lentamente nos ares e desapareceu, enquanto a Vida reentrava na terra para reaparecer sob todas as formas da Criação, desde a nascente cristalina que abre o caminho através da rocha, a folha verdejante, a flor odorante, a seiva que sobe na árvore, até o homem que acorda do sono da noite, armado de novas forças.

Sob o sopro poderoso da Vida, Violeta dormiu sono reparador; as vagas, seu novo berço, carregaram-na docemente a uma gruta sombreada e lá, sobre um banco de musgo, ela repousou das fadigas e emoções sofridas.

Quando acordou, sentiu uma brisa leve a balançar sobre as ondas. Claridade azulada baixou sobre ela e, com uma rapidez vertiginosa, submergiu para o fundo do abismo que se fez transparente e iluminado de uma luz fosforescente.

Enfim seus pés tocaram a terra e ela viu, com espanto, uma planície imensa coberta de areia tão fina e brilhante que parecia pó de ouro. A seu redor se estendia um jardim pontilhado de pequenos bosques de coral rosa; flores aquáticas gigantescas e estranhas substituíam ali as árvores; e nas alas desse jardim, nas grutas decoradas de pedrinhas e conchas, brincavam golfinhos; peixes de ouro passeavam com crustáceos, caranguejos enormes e outros habitantes do mar.

Violeta andava e examinava tudo curiosamente, quando, na volta de uma ala, encontrou a entrada de um palácio de cristal duma riqueza mágica; suas colunas eram de âmbar, seus móveis de nácar. Por toda parte se viam suspensas guirlandas e lírios d'água com franjas de pérolas; em vasos maravilhosos desabrochavam buquês de flores azuis cujo cálice era uma chama.

Uma multidão numerosa circulava no palácio; a maior parte se dirigia a uma sala imensa, no fundo da qual, sobre um trono de rubis, assentava-se um velho majestoso, vestido com uma couraça de escamas de peixe e manto púrpura. Uma coroa dentada cingia sua cabeça; na mão, um cetro de três pontas. A seu lado estava sentada uma bela mulher com ar altaneiro; sobre seu penteado, uma coroa terminava em ponta, enfeitada por uma guirlanda de flores. Na sala e ao redor de seu trono se agrupavam ondinas de todas as idades; vestiam túnicas transparentes e usavam coroas de nenúfar[1] em seus cabelos soltos. Entre elas, viam-se homens jovens de tez pálida e olhos tristes: eram marinheiros afogados no mar, capitães de navios, assim como príncipes e guerreiros que haviam perecido durante tempestades, ou simplesmente estavam encadeados por malefício ao fundo do mar.

O rei e a rainha protegiam os seus heróis que deviam desposar as ondinas; eles os cercavam dum luxo real lhes dando por esposas as mais belas filhas das águas, mas os príncipes, heróis e mesmo os simples marinheiros tinham saudade da terra, aspiravam aos raios do sol, ao amor terrestre, a uma vida cheia de perigos e aventuras. Prefeririam uma existência movimentada à vida preguiçosa e eterna do fundo do mar, com seus banquetes intermináveis, suas iguarias

---
[1] Plantas da família das Nifeáceas. N.T.

requintadas, mas também a monotonia desesperante.

Quando Violeta entrou, todos os olhares se fixaram nela com admiração, e o rei exclamou:

– Ah! eis enfim a mais bela de nossas ondinas e a mais cara de nossas jovenzinhas.

Violeta estava verdadeiramente maravilhosa; seus grandes olhos esverdeados pareciam refletir o mar em repouso; sua pele era branca e rosada; seus cabelos da cor do âmbar.[2] Sua veste linda ressaltava-lhe a beleza.

Um corpete feito de escamas de peixe, de ouro, desenhava seu talhe fino; a saia e as mangas eram de gaze prateada e as mais belas pérolas do reino subterrâneo enfeitavam seu pescoço. Sobre a cabeça trazia uma guirlanda de lírios d'água, cujos cálices eram chamas que revestiam sua cabeça quando, à noite, as ondinas subiam à superfície do mar; o clarão fosforescente de suas guirlandas as iluminava como uma auréola e se mesclava às ondas em reflexos fantásticos.

Quando ela se aproximou do trono, o rei e a rainha lhe estenderam os braços, mas quase imediatamente lançaram um grito de espanto:

– Esta não é Pérola, nossa filhinha! – exclamou a rainha. – Nesses olhos brilham uma alma humana.

---
[2] Cor amarelo-pálida; o âmbar também pode ser pardo ou preto. N.T.

– Quem é você, estrangeira, e como entrou no corpo de nossa filhinha? – ajuntou o rei.

Antes que Pérola pudesse responder, a poeira de ouro que formava o chão da sala se agitou, inchando-se. Um vento muito quente atravessou todo o palácio, surgindo da terra o belo adolescente que ela já havia visto; a Vida.

– Rei e rainha do Abismo – disse ele – fui eu quem animou o corpo de sua filha: ela amava um homem da terra, queria morrer para ter uma alma imortal e um corpo mortal; não queria ser condenada a uma vida interminável e vazia no fundo do oceano. Esta aqui, Violeta, filha do rico senhor que mora na Vila Branca, à borda do mar, não quis morrer e, para viver, viver o mais longo tempo possível, renunciou à sua alma imortal. Recebam-na então como a um membro de sua grande família; de noite ela viverá aqui no fundo do mar, mas de dia viverá na terra para consolar seus pais.

– Mas Pérola era noiva do príncipe Bohemond, que está sempre triste. Que faremos agora? – perguntou a rainha, solícita.

– Casaremos Violeta com o príncipe, eis tudo – respondeu Vida com um sorriso, desaparecendo na poeira de ouro, enquanto se extinguia o raio avermelhado que havia enchido de luz e calor o palácio subterrâneo.

Um estranho e penoso sentimento se apoderou de Violeta; qualquer coisa como saudade por ter aceitado a troca. Depois, que significava ter renunciado à sua alma imortal? Toda alma, mesmo aquela de uma flor, não era eterna? Como se alguém houvesse escutado seu pensamento, uma velha ondina se inclinou para ela e murmurou: "O progresso só se atinge pela alternativa da vida e da morte. É uma necessidade da existência da alma imortal; aquele que voluntariamente se condena a ficar estacionário, renuncia ao mais belo atributo de sua essência divina".

Violeta empalideceu, mas não teve tempo de pensar muito, pois o Rei do Mar acabava de chamar o príncipe Bohemond que sonhava em uma grande gruta. Ficaram solenemente noivos, passando um ao dedo do outro um maciço anel de ouro.

O príncipe Bohemond era maravilhosamente bonito: cabelos negros como ébano e olhos azuis profundos. Mas morna tristeza morava em seu ser, e o olhar que lançou sobre Violeta era frio e indiferente.

O coração da ondina se fechou, mas o príncipe se agradou dela. Ela começou a amá-lo; apesar disso, rogou aos soberanos retardar um pouco os esponsais, a fim de que pudesse habituar-se à vida aquática, com o que eles concordaram. Os pregoeiros anunciaram a todo o reino submarino o casamento do príncipe Bohemond e da princesa Pérola.

Como na superfície das águas fazia um belo dia, Pérola quis retornar para consolar seus pais, que certamente estavam muito tristes.

Ela subiu rapidamente à praia, secou as gotinhas de água que perolavam suas vestes e foi para o jardim; atravessou correndo as alas onde, no dia anterior, havia admirado a luxuriante verdura dos bosques de rosas odorantes, e subiu ao terraço. Em toda parte reinava o silêncio da morte. Aproximando-se do grande salão, sentiu forte odor de incenso e ruído de soluços abafados chegaram a seus ouvidos. Calada, trêmula, ela parou à entrada e seu olhar chegou ao catafalco enfeitado no meio do salão: estendida sobre as almofadas de cetim branco, repousava o corpo que, ainda na véspera, sua alma animava. Haviam-no vestido de branco e pousado entre suas pequenas mãos transparentes como cera uma cruz dourada. Sobre o corpo, como sobre o catafalco, um amontoado de flores, formando uma mortalha odorante. Nos degraus, vestida de luto, a cabeça comprimida contra as dobras da roupa da morta, estava ajoelhada sua mãe, que chorava amargamente. Aniquilada pela perda de sua única filhinha, ela queria ficar com sua querida até o fim – o enterro.

Se as ondinas pudessem chorar, Pérola o teria feito nesse momento, tanto ela se apiedou de sua mãe. Mas quase no mesmo instante um eflúvio de alegria inundou seu coração, pois era possível secar as lágrimas de seus pais. Lançando-se à sua mãe, enlaçou-lhe o pescoço e murmurou:

— Mamãe querida, não chore mais; eu não morri!

A senhora se aprumou e fixou com espanto a bela criança que não tinha os traços de Violeta, mas sim a voz da criança adorada; o olhar era o mesmo e, esquecendo as diferenças, ela apertou Pérola contra seu peito.

— Seu rosto me é desconhecido, mas reconheço sua alma, filha adorada, e já que você me é devolvida, que me importa o resto!

— Explico tudo, mamãe querida – murmurou Pérola ajoelhando-se perto dela. – Tive tanto medo de a perder, de morrer. Quando à noite vi a Morte, supliquei a ela me poupar. Ela me reprovou por fugir dela, mas acolheu favoravelmente meu pedido... Meu corpo exaurido pela doença não podia mais me servir, aí ela transportou meu espírito ao corpo de uma ondina. Já estive no fundo do mar e me fizeram noiva de um belo príncipe que se afogou no ano passado; à noite eu devo viver no fundo do mar, mas durante o dia posso ficar perto de você e de papai. Vocês se habituarão a mim, espero, e esquecerão este corpo morto que jaz aqui inerte.

— Sim, filhinha, sinto-me consolada e feliz agora.

Que importa a veste usada, se me devolveram você?

Contentes, abraçadas uma contra a outra, conversaram, e quando se reuniram às pessoas do castelo para a missa de morte, viram com estupefação que as lágrimas de sua senhora estancaram, que indizível felicidade iluminava seus traços fatigados e, indiferente à morta, só tinha olhos para a estrangeira que ela enlaçava pela cintura. Mas quem poderia ser aquela bela mocinha de cabelos dourados, com tez transparente e olhos tão verdes como os de uma ondina? – perguntava-se toda gente com curiosidade.

Quando a missa de defunto acabou, Pérola e sua mãe se retiraram ao antigo apartamento de Violeta, e a castelã lhe disse:

– Você está de novo em casa e será nossa filha como sempre. Oh! como seu pai ficará contente!

Pérola a beijou, mas vendo sua fadiga, suplicou-lhe repousar até a chegada do velho conde, seu pai.

Sozinha, Pérola se sentou no parapeito da janela e olhou o mar, que agora era seu lar; então pegou a harpa que Violeta aprendia a tocar e deixou seus dedos correrem em suas cordas. Constatou, com surpresa, que possuía um saber insuspeitado. Pegou a harpa, desceu ao terraço, e se pôs a tocar. Sob seus dedos brotaram sons poderosos, formando melodias desconhecidas, mas de um encanto fascinante; acreditar-se-ia ouvir doces murmúrios duma fonte, o rugir duma tempestade, o ruído de vagas que se quebravam nos recifes da costa, ou mesmo um canto suave, sutil e misterioso como a voz das sereias.

À medida que tocava, todos os servidores do castelo, a Irmã de Caridade, o frade que deveria proceder ao sepultamento, um velho parente doente, todos se reuniram no terraço para ouvir aquele tanger maravilhoso. Pérola compreendeu então que não mais pertencia à humanidade terrestre, que nela vibrava e palpitava um mundo novo e desconhecido.

Absorvidos pelas cambiantes de seu tocar, pelo seu canto, ninguém notou que um navio trazendo velas negras tinha abordado e que o velho conde desceu vestido de luto, pois ainda não sabia das novas notícias sobre sua morta; seu coração estava amargurado – a filha era toda a sua alegria deste mundo.

Foi diretamente à sala grande, espantado que as dependências todas estivessem vazias e se perguntava quem ousava tocar e cantar em uma casa de luto! Mas, à vista do catafalco, esqueceu isso e, com os olhos inundados de lágrimas, ajoelhou-se abraçando o corpo da filha. Subitamente sentiu que alguém o enlaçava e, erguendo a cabeça, viu sua esposa que, radiante, beijou-o, murmurando em seu ouvido:

– Não chore mais, meu marido, nossa Violeta adorada não está morta. Vou levá-lo até ela.

O conde a escutava espantado, pensando que a dor a havia perturbado, mas, não querendo contrariá-la, seguiu-a até o apartamento de sua filha, onde Pérola acabava de voltar e retomava seu canto. O velho senhor queria orar e se recolher ao quarto da desfalecida, mas ouvindo o canto maravilhoso, sentiu-se aliviado e sua dor amarga se acalmou.

– Quem toca e canta assim? – perguntou.

– É nossa filha querida – respondeu a condessa radiante.

Quando eles entraram, Pérola jogou a harpa e se precipitou aos braços do pai.

– Você não me reconheceria... mas sou sua Violeta!

O conde estremeceu, pois o timbre carinhoso era bem o de sua filha e aquele olhar era bem o dela. Embriagado de felicidade esqueceu a morta deitada lá embaixo, sobre o catafalco; aquilo era apenas um corpo morto destinado à destruição. A parte viva, o espírito adorado de sua filhinha lhe fora devolvido.

Quando as manifestações de alegria se acalmaram, o conde e a condessa decidiram se estabelecer no castelo por todo o resto de seus dias. Determinaram também apresentar imediatamente a ondina como sua filha adotiva e herdeira.

Desceram ao salão e, quando o som do sino reuniu a todos, o conde disse solenemente:

– Deus teve piedade de nós e nos enviou esta bela menina, órfã de pai e mãe, cujos olhos e voz nos lembram nossa filha morta. Nós a adotamos como filha e será herdeira de todos os nossos bens; devem amá-la e obedecer a ela como à nossa querida Violeta, pois ela é boa e linda como nossa filha.

Todos prometeram amar e honrar a nova filha do bom patrão, maravilhando-se que ela tivesse a voz e o olhar da patroazinha falecida e, como eram velhos e fiéis servidores, alegraram-se que os pais tivessem encontrado consolo.

Sepultaram com pompa o corpo de Violeta, à borda do mar, onde se construiu um belo monumento que era visto a distância.

Pérola vinha cada manhã, assim que o sol saía, passar o dia com eles. Cantava-lhes as mais belas melodias do abismo submarino, ensinadas pelas ondinas e sereias que as cantavam sobre as ondas ao clarão da lua. Mas nada a podia reter quando, na abóbada do céu, apareciam as primeiras estrelas. Uma brisa estranha e poderosa parecia inchar suas finas túnicas; ela parecia fundir entre os braços de seus pais e, como um vapor muito leve, desaparecia nas vagas.

Durante esse tempo, no reino submarino, ocupavam-se ativamente seus habitantes em preparar o casamento de Pérola com Bohemond; mas a bela ondina estava triste, pois seu noivo, que ela adorava, quedava-se frio e indiferente. Um dia ele lhe disse:

— Você é a mais linda moça deste oceano, Pérola, e certamente eu a amaria de todo o meu coração, se sobre a terra não tivesse deixado uma noiva, a princesa Rosalinda, a quem jurei amor e fidelidade por toda a eternidade. E não posso faltar à minha palavra. Sem dúvida devo obedecer ao rei que ordena nosso casamento, mas não posso amá-la. E o que mais me desespera é que minha pobre noiva ignora que eu me conservo fiel. E há mais: soube por um de seus servidores, afogado recentemente, que seu pai a forçou a se casar com o cavaleiro Tancredo, príncipe estimável e digno de sua afeição, mas que ela não pode amar, pois seu coração ainda me pertence.

A pobre Pérola sentiu dor amarga, mas sua bondade natural lhe inspirou compaixão por Bohemond e lhe respondeu:

— Você não pode se mostrar sobre a terra, mas eu posso. Se me disser onde vive Rosalinda, irei encontrá-la e lhe contarei o quanto você ainda a ama.

— Oh! quanto você é boa e quanto Rosalinda seria feliz! – exclamou o príncipe reconhecido. – Se você ainda quiser ser mais agradável, leve minha echarpe que ela mesma bordou, meu anel e este buquê de flores aquáticas, que lhe envio do fundo do mar. Amanhã, ao amanhecer, eu a conduzirei onde vive a minha adorada noiva.

No dia seguinte, quando os primeiros raios do sol douraram o horizonte, Pérola e o príncipe se puseram a caminho, pois o percurso era bastante longo. Era preciso atravessar toda a largura do oceano, e o astro do dia havia passado do seu zênite quando Bohemond lhe mostrou uma costa elevada e, sobre uma rocha que avançava para o mar, um soberbo castelo rodeado de altas torres e uma grande escada de mármore, cujos últimos degraus eram banhados pela água. Essa escada conduzia a uma galeria com colunas e por todos os lados se viam bandeirolas e guirlandas de flores.

— É aqui o castelo. Está ornado, porque hoje celebram os esponsais de minha pobre Rosalinda, disse tristemente o príncipe. Oh! se eu ao menos pudesse vê-la...

Pérola não respondeu. Pegou o anel, a echarpe e o buquê e subiu os degraus. Na galeria, encontrou um pajem e lhe perguntou onde encontraria Rosalinda.

— Sua Alteza ainda não deixou seus aposentos,

mas vou conduzi-la até sua porta – respondeu o pajem.

Na antecâmara de Rosalinda, uma dama de companhia apareceu e, examinando Pérola com desconfiança, disse que a princesa estava em seu oratório. Sem se perturbar, a ondina declarou que ela era uma amiga de Rosalinda e lhe trazia notícias importantes. E antes que a serviçal respondesse dirigiu-se ao oratório, onde entrou.

A princesa estava ajoelhada no genuflexório e orava com fervor. Estava vestida com a roupa do casamento em tecido prateado e usava a coroa dos esponsais sobre seus cabelos pretos; longo véu de gaze a envolvia como uma nuvem. O coração de Pérola se crispou dolorosamente à vista da bela rival, mas, como seu amor por Bohemond era puro e despido de egoísmo, ela pensou antes em lhes dar alegrias. E, tocando sua espádua, disse:

– Bela Rosalinda, console-se! Trago notícias de seu noivo.

Rosalinda se endireitou bruscamente e fixou a graciosa ondina com surpresa e admiração:

– Meu noivo está morto. O que você pode dizer dele, menina bonita?

– O príncipe Bohemond mora no fundo do oceano e, como prova de que sou sua mensageira, trago-lhe o anel, a echarpe e este buquê. Ele a ama e permanece fiel à palavra dada.

– Como você me faz feliz e agradecida! – exclamou Rosalinda, beijando o anel e as flores. – Mas, me diga quem é você e por que não pode Bohemond vir me falar pessoalmente?

– Ele não pode se aproximar da terra, onde vivem os homens. Eu posso: sou uma ondina, venho do fundo do oceano, onde moro. Para lá tenho de voltar quando as primeiras estrelas surgirem no céu. Se você for ao terraço, verá ao longe Bohemond oscilando sobre as águas me esperando.

– Certamente irei! disse a princesa contentíssima. Depois fez Pérola se sentar e conversaram. Rosalinda contou que era imensamente infeliz por ser obrigada a se casar com o príncipe Tancredo. Pensou até em ser freira para evitar esse casamento, mas seu pai não aceitou, e as núpcias seriam celebradas assim que a noite caísse. Ficou pensativa por longos minutos e, por fim, exclamou:

– Tenho uma ideia que poderá arranjar tudo. Antes de pô-la em execução, devo somente rezar a Deus.

Ela se ajoelhou e rezou. Nesse momento, levantando inopinadamente os olhos, Pérola percebeu a alta figura da Morte, em pé em um nicho. Seus grandes olhos sombrios e serenos fixaram a jovenzinha com doçura, sua mão levantada parecia bendizê-la.

A ondina sentiu uma estranha angústia. Era possível que Rosalinda, tão jovem, tão cheia de vida, fosse condenada a morrer? Ela também pareceu ver a temível visitante, mas longe de a odiar, estendeu-lhe os braços, sorrindo.

A noite veio. Lampiões e tochas se acenderam, desenhando em linhas de fogo, sob o céu sombrio, os contornos imponentes das torres e muralhas do castelo. Sob a galeria e sobre a balaustrada da escada se acendeu o alcatrão nos grandes vasos de bronze. A capela se clareou com mil velas e, perto do altar, chegou um padre venerável, juntamente com o noivo.

Esperando os sinos soarem, Rosalinda se levantou eletrizada.

– Chegou a hora! Meu pai virá me buscar. Mas, enquanto isso, quero ver Bohemond!

Ela atravessou correndo os cômodos, assim como as salas e galerias contíguas, e se lançou pela escadaria.

– Olha, lá está! – disse Pérola, que a havia seguido, e mostrava o príncipe que, à luz viva e argentina da lua se mostrava distintamente, balançando-se na crista de uma vaga.

– Adeus, Rosalinda! – gritou ele, saudando com a mão sua bela noiva. – Adeus! E viva feliz!

Rosalinda estendeu os braços em sua direção e depois, de um pulo, precipitou-se ao mar[3], tentando chegar ao príncipe. Pérola quis se lançar logo após para a reter e trazê-la de volta, mas diante dela surgiu das vagas o torso da Morte que, com um gesto ameaçador, repeliu-a sobre os degraus, onde ficou caída. No mesmo instante se escutaram gritos na galeria. Pajens, escudeiros e cortesãos apareceram na escada e depois o próprio pai seguido do príncipe Tancredo. Porém, a corrente já havia arrastado Rosalinda. Por um momento ainda se viu seu véu flutuar e sua larga saia de brocados se inchar, cintilando à luz da lua, como um gigantesco diamante. Depois, ela afundou bruscamente e desapareceu.

Vendo isso, o velho rei tombou desfalecido. Pérola, levantando-se bestificada e assombrada, viu que o levavam ao interior do castelo.

O príncipe Tancredo, notando a bela ondina, aproximou-se e agradeceu, pois lhe haviam dito que a jovem estrangeira tinha tentado salvar a princesa, mas o mar não o permitiu.

Um pajem acorreu, anunciando que o rei acabava

---

[3] O suicídio é erro grave. Kardec fala sobre o assunto no "O Livro dos Espíritos", no livro quarto, capítulo primeiro: "Penas e Gozos Terrestres". N.T.

de reabrir os olhos, o que interrompeu a conversação. Tancredo voltou para perto do rei. Pérola sentiu remorsos por ter aceitado o pedido de Bohemond. Reprovava-se por ter sido a causa da desgraça. Decidiu ver o rei.

O velho havia pedido um padre para fazer suas devoções, como convém a um bom cristão, porque sentia que não sobreviveria àquele momento. Após haver confessado, fez seu testamento, legando seu reino e todos os seus bens a Tancredo, que considerava como seu genro. Acabando de escrever e assinar o importante documento, Pérola, que se conservava silenciosa à cabeceira, perto do novo rei que chorava lágrimas amargas, viu entrar pela grande porta a Morte, grave e silenciosa, parando ao pé do leito. Sem lançar um olhar sequer sobre a ondina, inclinou-se para o moribundo e lhe sorriu. Com um grande suspiro, este lhe estendeu os braços.

Os que a isso assistiam, pensaram que o rei via sua filha, mas Pérola viu a Morte soprar sobre ele e, como arrancado e arrastado por seu hálito gelado, a alma imortal destacou do corpo e, sustentada pela sombria visitante, elevou-se pelo espaço com ela.

Apesar de sua tristeza, o rei Tancredo não se esqueceu de Pérola. Parecia-lhe nunca haver visto tão adorável jovenzinha, olhos tão verdes, cabelos tão dourados e, para ele, ela era mil vezes mais sedutora que a recém-morta Rosalinda. Ele a procurou com os olhos, assim que o velho rei expirou, mas ela havia desaparecido como bruma sutil, sumindo nas vagas. Ninguém soube lhe dizer o que tinha sido feito dela.

Voltando ao fundo do oceano, Pérola encontrou Rosalinda e Bohemond. Eles não se cansavam de conversar e exprimir sua felicidade.[4] Então, Pérola procurou o rei e lhe disse, depositando em sua mão o anel de casamento:

– Permita, ó rei, que o príncipe Bohemond espose sua verdadeira noiva, que ele reencontrou, e não a mim, que lhe sou indiferente. Rosalinda, para cumprir a palavra dada, renunciou a todas as alegrias da vida. Ela merece sua graça.

Tocado pela generosidade da ondina, o rei consentiu nas bodas de Bohemond e Rosalinda, que foram celebradas com grande pompa, contando com a presença do rei e da rainha. Sozinha, Pérola não compareceu. Seu coração também estava pesado porque uma doença grave lhe inspirava os mais sérios temores. Sua mãe, a condessa estava bem doente. Desde a aurora até a noite, o quanto pôde, ficou junto dela, velando, cuidando, orando ardentemente para que a Vida não cedesse à Morte aquela existência que lhe era tão preciosa.

---

[4] ...vê-se que o conto neste ponto foge ainda mais à realidade.

Anotou muitas vindas da temível inimiga e sua angústia aumentava...

Suas preces foram vãs. O adolescente transbordante de vida não se mostrou e, um dia, o mais poderoso dos soberanos deslizou traidoramente para a câmara da doente. Pérola viu, com espanto, como a Morte abraçava sua mãe, erguendo-a e levando seu espírito.

Foi um golpe terrível e ela sentiu, como nunca, quanto dolorosamente a faculdade de chorar lhe fazia falta. Seu velho pai também ficou desesperado pela perda da mulher. Tornou-se sombrio, fraco, enfermiço e começou a falar de seu fim próximo.

Depois da desaparição de Pérola, uma grande tristeza se apoderou do jovem rei Tancredo. Ele a procurava por toda parte e, finalmente, desesperou-se. Pensava somente nela. Passava noites e dias inteiros assentado nos degraus que conduziam ao mar, perdido em seus sonhos. Contemplava o vaivém das ondas encapeladas, o voo das gaivotas e a brincadeira dos delfins, ou fixava o céu estrelado.

Uma noite, estava assim sentado sobre os degraus como era agora de seu hábito, fixando a planura espumosa, clareada pela lua, quando percebeu uma grande mancha fosforescente sobre a crista de uma vaga. Essa aparição imprecisa, luzia e parecia aumentar, dilatar-se, tomando a forma de uma mulher que, balançando-se graciosamente, aproximou-se dos degraus. Então Tancredo reconheceu Rosalinda, vestida em uma túnica prateada; uma guirlanda de flores fosforescentes nos cabelos soltos; o rosto lindo, transparente e luminoso como um raio de lua. Ela o saudou com um aceno e, com um sorriso, exclamou em voz doce e velada:

– Aquela que você ama é filha do conde Ricardo e da condessa Matilde, que habitam imponente castelo no extremo oposto do oceano. Poderá encontrá-los facilmente por serem muito conhecidos em razão de sua riqueza e caridade.

Lançou-lhe um buquê de lírios d'água e de novo mergulhou ao mar.

Uma nova vida animou Tancredo. Resolveu se pôr em marcha para pedir ao conde a mão de sua filha.

Mas, para chegar à casa de seu futuro sogro com a pompa devida à sua realeza, fez preparar um soberbo navio: mastros de ouro, velas de seda vermelha e a proa ornada com uma ondina de prata. Seguido de toda uma flotilha que trazia sua corte de damas e senhores, o jovem rei se dirigiu ao castelo do conde Ricardo.

O sol se levantava no horizonte quando seu navio – o "Pérola" – lançou âncoras em frente ao castelo.

Apesar de fraco e doente, o velho conde veio

receber seu ilustre visitante e, quando o jovem rei lhe pediu a mão de sua filha, experimentou grande alegria, pois sentia seu fim se aproximar e se atormentava com o pensamento de deixar sua filha só. Em seu grande afeto, esquecia que Violeta era agora uma ondina e, vendo-a triste, queria consolá-la com um novo amor e um novo dever.

Pérola se perturbou ao receber o pedido do rei. Ele a agradava, mas não poderia desposar um homem da terra. Quis então persuadir seu pai, mas este não a ouviu; esperava, ao contrário, que o grande amor que sentia por Tancredo a arrancasse do abismo e a prendesse de novo à terra. Por fim seu pai suplicou para que lhe desse essa última alegria à vida. Pérola consentiu, mas com a condição de que, após a morte dele, o castelo seria transformado em hospital para aleijados, doentes e órfãos, sendo todos os seus bens distribuídos aos pobres.

Tancredo consentiu alegremente e, sob o desejo do conde, que já se sentia muito mal, o casamento foi celebrado no dia seguinte, sem pompa, na capela do castelo. Mesmo o banquete projetado não pôde ter lugar, porque durante a noite a Morte veio e, a despeito das lágrimas e súplicas de Pérola, levou o velho doente.

Tendo confiado ao capelão o cuidado de organizar o hospital e de levar o corpo embalsamado do pai ao reino de Tancredo, os recém-casados subiram ao lindo navio e se dirigiram a toda vela à pátria de Tancredo, onde, depois, o conde foi sepultado.

Tancredo estava radiante. Só falava a Pérola de seu grande amor e da felicidade que os esperava; mas ela estava silenciosa e triste.

Quando chegaram ao pé da escadaria, ele viu que todo o palácio estava magnificamente iluminado e que o banquete seria servido. Tendo subido alguns degraus, Pérola parou. As estrelas já brilhavam no céu, ela sentia a estranha brisa atraindo-a ao oceano, agitando e levantando suas vestes de gaze e sacudindo as mechas douradas de seus cabelos.

Ela rogou ao rei despedir a todos, pois tinha de lhe contar algo muito grave. Achando-se a sós com ele, disse:

– Eu lhe havia pedido, caro esposo, para não perseverar em sua intenção de me esposar e também pedi isso a meu pai. Nem um dos dois quis me escutar. Faltou-me coragem, porque iria obscurecer os últimos dias de meu pai e também supus a dor que causaria a você a minha recusa. Agora estamos sós, mas vem o momento em que eu devo desvendar o grande mistério de minha vida.

Relatou tudo o que acontecera a ela e continuou:

– Meu espírito foi então transportado ao corpo de uma ondina e, graças à minha escolha, imprudente e fatal, não tenho pátria definitiva, nem na terra nem no mar. Não gozo as delícias da vida, nem o repouso da morte. Erro entre os dois elementos, lastimando amargamente ter amado em demasia a vida. Durante o dia posso ficar perto de você, mas desde que venha a noite, devo retornar ao meu lugar no oceano. Não posso ter amor humano – você me amará como ama as flores ou o sol... não sou mulher como as outras, mas um Espírito das Águas...

Ela enlaçou o pescoço do rei, beijou-o e depois, ligeira como um sopro da noite, deslizou sobre as vagas, sacudiu seus longos cabelos e desapareceu.

O rei ficou desesperado. A cada manhã Pérola reaparecia, mas isso não o consolava. O pensamento de que aquela que ele adorava era uma ondina, sem alma, não uma piedosa virgem cristã, minava-o. Tornou-se silencioso e misantropo, perdeu o sono e o apetite; uma doença langorosa o levou, ao fim de um ano.

Pérola ficou só, e um profundo desespero invadiu seu espírito. Durante a doença do rei, ela se sentia ligada a ele, e a perda de tudo o que lhe estava próximo a acabrunhava. No fundo do mar se sentia uma estranha e, sobre a terra, ninguém a amava. Estava só – e não podia nem mesmo chorar...

Começou a odiar a vida e, quando a cada manhã, acordava sobre seu banco de musgo, sentindo a corrente forte e vivificante que percorria suas veias, a cólera e o desespero se apoderavam dela.

Foi quando se pôs a procurar a Morte. Porém, quando a encontrava, o sopro quente e vivificante do qual a havia dotado a Vida, fazia recuar e fugir a Soberana das Sombras.

E assim passaram-se séculos...

Junto dela tudo morria; os amigos que conseguia, os servidores e os pobres que aliviava, todos eram tragados no seio da Morte. Só ela vivia e odiava a Vida.

Frequentava igrejas, dotava os monastérios, fazia votos e peregrinações, mas a Morte continuava a lhe fugir teimosamente.

Um dia, por acaso, ela entrou na cabana de um pobre ermitão centenário e, vendo a fé estática com a qual ele orava, Pérola caiu a seus pés e lhe confiou seu pesar e toda a tortura de sua solidão.

O Ermitão a abençoou e disse:

– Procure sobre a terra uma vida útil, uma vida que encerre em si a felicidade de toda uma família e sacrifique a essa família sua vida, aceitando a morte em troca. Eis a faca consagrada; pegue-a e a mergulhe em seu coração quando você encontrar o ser digno e útil de que lhe falei e, quando seu sangue quente fluir, irá encher de uma nova seiva vital esse outro ser. Então, você conseguirá morrer, livre dessa vida inútil que lhe pesa.

Pérola se pôs à procura imediatamente. Faca junto ao peito, ia de casa em casa procurando uma vida, tal como havia prescrito o Ermitão, mas diversas decepções a esperavam.

Assim ela penetrou no palácio de um rei que agonizava e encontrou já seu herdeiro, que, cheio de inveja e avidez pelo poder, impacientava-se com a lentidão daquela morte. A vida do moribundo se tecera de abusos e injustiças. Nem seu povo nem sua família haviam ganhado nada daquele que continuava a viver. E ela saiu tristemente.

Foi também à câmara mortuária dum avaro milionário que em toda sua vida tinha estagnado sobre o ouro, sem jamais secar uma lágrima, aliviar uma miséria. Por enquanto, ele se humilhava e se torcia aos pés da Morte, mendigando uma trégua. Pérola se afastou desgostosa, pois pela primeira vez viu a Morte hedionda como era representada em sua infância.

Desencorajada, subiu à casa de uma rica mulher que morria, e que durante a vida toda havia negligenciado seus filhos, não procurando senão prazeres e enfeites.

Também ela mendigava, mas em vão, sua vida inútil.

Aproximando-se dos confins da cidade, Pérola viu na chaminé de um pobre casebre de operário, a sombra da Morte pairando. A jovem entrou e viu perto do catre um homem ajoelhado, chorando, e sete crianças que se apertavam contra uma mulher agonizante. Ela sustentava toda aquela família. Seu marido era cego e também dependia dela; era exatamente daquilo que Pérola precisava!

Com um suspiro de alívio, ela parou. Enfim havia encontrado o ser cuja vida era realmente útil.

Tirou seu colar de coral, seu adorno de pérolas, seus maciços braceletes, e os colocou sobre o cobertor. Depois, levantando um olhar suplicante à Morte, ela impulsionou a faca, mergulhando-a em seu peito.

O sangue esguichou e inundou como torrente quente o corpo da pobre mulher, salpicando de rubi líquido a manta escura da Morte, que recuou. Pérola sentia que a matéria de seu corpo se consumia como uma veste de gaze ao contato de uma chama. Enfim livre, ela se ergueu junto à Morte, que estampava uma beleza sobre-humana.

Ela estendeu a mão com um doce sorriso e Pérola exclamou enlevada:

– Enfim sou digna da Senhora? Veja, minha vida

inútil circula nas veias desta infeliz. Ela viverá para educar os filhos e os fará úteis e bons, e eu venci a invencível, a Vida que todos mendigam...

– Você está enganada, disse perto dela uma voz profunda.

E, com terror, Pérola percebeu a Vida, bem próxima a ela com aspecto mudado, mas mantendo os mesmos traços. Um manto de brancura nívea a envolvia, e a luz que ela exalava era doce e brilhante.

– Jamais tenha medo de mim. Sou a Vida do Espírito, não aquela do corpo que você venceu. Ela e eu – apontou a Morte – não somos antagonistas, mas aliadas. Trabalhamos e glorificamos o Senhor com um mesmo fim. Venha conosco a outras Esferas aprender os grandes mistérios.

Calma e feliz, Pérola subiu entre a Morte e a Vida Imortal que a levantaram, levando-a em direção ao sol que resplandecia.

Wera Krijanowsky

16 de Novembro de 1897.

A Noiva do Amenti

Era uma tarde bonita. O calor abafado dava lugar a um agradável frescor, e os habitantes de Tebas, cuja posição privilegiada dispensava a necessidade de trabalhar, apesar da temperatura elevada, deixavam suas casas para passear, fazer visitas ou simplesmente andar com toda comodidade. Num pequeno terraço da casa do ilustre Septab, portador do leque do Faraó Ramsés III, achavam-se duas mulheres conversando com animação. À sombra de muitas palmeiras e arbustos raros, estava posta uma mesa de cedro com os pés trabalhados e uma tapeçaria raiada sustentada por bastões dourados que garantiam a indiscrição dos raios de sol.

Num leito de repouso, uma jovem mulher de rara beleza estava semi-estendida sobre almofadas de púrpura. Esbelta, morena, com grandes olhos de gazela, era bem o ideal do tipo egípcio. Somente a ruga altaneira e caprichosa de sua boca, suas narinas móveis e ligeiramente dilatadas, e seu olhar coruscante, que nada tinha da doçura da gazela, mostravam que uma alma voluntariosa, enérgica e consciente de suas vantagens animava esse exterior sedutor. Uma túnica branca bordada de fios multicores desenhava suas formas esbeltas; maciços braceletes ornavam seus braços e seus tornozelos. Estreita faixa de ouro ornava sua fronte com uma esmeralda retendo seus cabelos pretos encaracolados.

Essa bela criatura era Nitétis, a filha única do portador do leque, menina mimada e única dona da casa desde a morte de sua mãe, que havia sido adorada pelo marido.

A visitante, assentada do outro lado da mesa, em uma cômoda poltrona, com os pés sobre um coxim franjado, era uma mulher de certa idade, de olhos negros e traços acentuados. Um turbante raiado cobria sua cabeça, e um manto azul, recentemente bordado, sobrepunha-se à sua túnica branca. Gesticulava vivamente com as duas mãos, fazendo soar os braceletes que pesavam em seus braços magros.

– Então, Nekebet, você não bebe nem come nada? Será que aprecia estes bolos de mel?

– Obrigada, já bebi e comi o bastante e também contei o suficiente de novidades – respondeu Nekebet, bebendo um último gole de leite e repondo sobre a mesa uma elegante taça esmaltada. – Agora gostaria de falar com você seriamente e peço retirar os servos.

A um sinal de Nitétis, duas jovens escravas ocupadas em abanar cuidadosamente as senhoras retiraram-se discretamente.

– Sou toda ouvidos! O que de tão grave tem você para contar? Espero que não se trate de um novo pretendente – perguntou a mocinha com um sorriso malicioso.

– Não, desta vez é um antigo pretendente: Nebenhari. É amplamente sabido que ele quer desposá-la. Há mais de três anos que ele frequenta a casa de Septab com essa intenção. Sob o ponto de vista do mundo, nada a se dizer contra ele: é rico, de boa família, de exterior agradável, mas lhe suplico não o escolher para marido. Soube sobre ele coisas sinistras: é um temível mágico, e eu, como sua parente e melhor amiga de sua falecida mãe, acredito ser meu dever preveni-la.

– Obrigada pela bondade, Nekebet. Creia que aprecio profundamente o interesse maternal que tem por mim – respondeu afetuosamente Nitétis. – Porém, nesse ponto lhe asseguro jamais me tornar esposa de Nebenhari. Seu amor me inspira aversão, e sua presença é uma cruciante inquietude. Sinto-me mal sob seu olhar pesado e abrasador e, sem saber ainda o que você vai me contar, acho que há nele algo estranho e misterioso. Mas me diga: o que você sabe provém de quem?

– De Mihotep, a esposa de Psaru, parente do hierofante do Templo de Amon. Instruiu-me da verdade que eu conhecia desde muito tempo – respondeu a velha dama baixando a voz. Ela me falou com hesitação, pois teme a vingança de Nebenhari, mas para você, eu precisava saber e a fiz tagarelar. – E continuou:

– Ela conheceu intimamente Karamat, a avó de Nebenhari, uma egípcia que aprendeu todos os segredos da magia e da arte de comandar as forças da natureza. Logicamente ela esconde com cuidado sua ciência, mas, Mihotep contou-me uma série de fatos. Ele teve uma questão a resolver com o rico Penotem, a propósito de um prado, que no final das contas, foi concedido a este último. Nebenhari jogou um malefício sobre o rebanho de seu competidor, e os animais morreram às centenas. Num outro caso, há oito anos mais ou menos, Nebenhari cortejava uma bela e rica jovenzinha de quem talvez você não se recorde, Nefert, a filha do zelador dos jardins reais. Ela o recusou, preferindo outro jovem que, pouco depois, caiu doente e morreu em alguns dias. Nefert começou a definhar, seca como planta sem água, e sua mãe jurou a Mihotep que, durante sua agonia, viu um ser negro e horroroso que parecia sufocá-la. E um fato bem recente: em uma região, Termutis, a sobrinha de Mihotep, caçoou de Nebenhari por causa de seu amor por você, predizendo que seria recusado. Alguém contou isso ao feiticeiro e daí a pobre moça enlouqueceu até morrer. E agora, eu temo por você, minha menina. Não quero que se case com ele, porém sua vingança me amedronta.

Nitétis ouvia inquieta e preocupada.

— Mineptat também morreu de mal estranho e súbito — murmurou ela com um suspiro.

De repente ela se asserenou tirando de suas roupas um amuleto suspenso por uma fina corrente de ouro e mostrou a Nekebet. Então disse com segurança:

— Nada tema por mim; sou invulnerável a todos os malefícios. Um bom velhinho me fez um sortilégio neste talismã e me disse que isso será a salvaguarda contra todas as bruxarias e maus-olhados.

— Onde e como você viu esse velhinho? — perguntou a velha dama.

— Há dois anos meu pai fez uma peregrinação ao Templo de Ísis, construído no deserto, e me levou com ele. Foi lá que vi um hierofante tão santo e tão sábio que todos os que dele se aproximavam o faziam com veneração. Como ele me tratou com bondade, eu ousei lhe perguntar sobre meu futuro e, se após a terrível perda que acabava de suportar, eu me tornaria esposa de outro homem. Ele sorriu, pousou uma de suas mãos sobre minha cabeça, com a outra cobriu seus olhos e, durante alguns momentos, ficou imóvel. Depois me disse: "Seu coração será curado, mas somente quando a morte disputar aquele que é destinado a ser seu marido. Quando a dor e as lágrimas depurarem e amolecerem seu coração, você conhecerá o amor verdadeiro e será feliz."

No dia seguinte, deu-me este talismã, ordenando usá-lo sempre, e um segundo, parecido com este, destinado a meu futuro noivo. Esperando este noivo, coloquei o amuleto na estátua de Hator que está em meu quarto – terminou a jovem rindo.

Nekebet se inclinou e beijou com veneração o precioso talismã de ouro, em forma redonda, que trazia gravado na face uma estrela com cinco pontas.

– Uma graça dos deuses lhe foi destinada, querida Nitétis, estou bem segura. Com esse perigo afastado, você deve pensar em se estabelecer. Você está com dezoito anos, o que não é juventude para uma moça de sua estirpe. Seu pai deseja seu casamento e você não pode chorar eternamente Mineptat.

– Ah! Certamente nunca encontrarei um homem como ele – suspirou Nitétis.

– É preciso submeter-se à vontade dos deuses,

mas me parece que ninguém é mais digno de tomar o lugar de seu falecido noivo que Adiroma, cuja mãe me confiou que ele a ama ardentemente e é um bom partido sob todos os aspectos. Seu cargo na guarda nobre do faraó assegurará a você uma brilhante posição na corte, e seu caráter é a melhor garantia de sua felicidade. Na opinião de todos, ele é leal e está muito bem colocado como poucos jovens tebanos.

Ao mencionar o jovem oficial, Nitétis corou vivamente:

– Tem razão. Adiroma é um homem muito atraente e, se pedisse minha mão, penso que aceitaria. Não posso dizer que me inspire grande paixão ou que sua chegada faça bater mais forte meu coração, como fazia Mineptat, mas talvez – ela sorriu – os deuses me recusem a possibilidade de um desses amores que cegam, subjugam e transformam todo o ser.

– Em todo caso, deixe-o amá-la. O fogo virá – falou Nekebet rindo. – O belo Adiroma saberá acendê-lo.

A entrada precipitada de uma dama de companhia interrompeu a conversação:

– Senhora – exclamou ela –, o nobre Adiroma solicita ser admitido em sua presença.

– Certamente é bem vindo – disse Nekebet sem esperar resposta de Nitétis. – Vá, Kama. Traga-o ao terraço.

Nitétis, que ficara vivamente corada, refez-se, alisou os cabelos e recompôs as dobras de sua túnica. Mal terminara esses arranjos quando apareceu o visitante anunciado. Adiroma era um belo jovem de vinte e dois anos aproximadamente, esbelto e desembaraçado. Cada um de seus movimentos denotava força e saúde. O olhar franco de seus grandes olhos negros e a bondade que se patenteava de seu sorriso revelavam simpatia. Seu caráter honesto e serviçal fazia-o amado por todos que o conhecessem.

Saudou cortesmente as damas e se informou da saúde de ambas.

– Obrigada, os deuses abençoaram meus dias – respondeu Nitétis, convidando-o a sentar, enquanto Nekebet perguntava sobre sua mãe.

– Sou portador de uma mensagem da parte dela e contava ir à sua casa, nobre senhora, mas desde que os deuses me deram a graça de a encontrar aqui, transmito-lhe o recado. Depois de amanhã mamãe festeja meu aniversário e reúne amigos. Ela espera que você, Nekebet e o nobre Septab, com sua família, deem-nos a honra de assistir a essa reunião.

As duas mulheres aceitaram o convite. Em seguida, Nitétis, que já havia enrubescido sob o olhar ardente do jovem oficial, perguntou se ele não sabia de alguma novidade na residência real, e que lhes pudesse contar.

– Não, tudo segue a rotina habitual e, se houvesse algo de novo, seu pai saberia antes de mim – respondeu Adiroma sorrindo. – Há a expedição ao país de Noharana, planejada pelo faraó, mas nada está decidido ainda. Tenho, por enquanto, alguma coisa particular a lhe dizer: vindo aqui, encontrei Nebenhari. Olhou-me de soslaio, como é de seu hábito, e tenho a convicção de que chegue a esta casa de um instante a outro. Peço-lhe, nobre Nitétis, se tem alguma estima por mim, ordene ao guarda do portal dizer a Nebenhari, se vier, que você está repousando e não o receba! Esse homem me é odioso. Seu olhar suspeitoso e sinistro me pesa, e o ódio que ele me testemunha é positivamente ridículo.

– É fácil ser agradável a você em uma coisa de tão pequena importância. Não tenho a mínima simpatia por Nebenhari – respondeu Nitétis, batendo palmas. Uma escrava apareceu e ela ordenou dizer a Nebenhari, se ele viesse, que não receberia ninguém.

Após meia hora de conversa animada, Nekebet disse ser tempo de voltar para casa. Adiroma levantou-se, despediu-se e, atravessando os apartamentos que conduziam à saída, disse:

– Permita, nobre mulher, que eu volte aqui. Desejaria conversar sem testemunhas.

Nekebet acedeu a esse pedido com leve sorriso e, tendo tomado lugar em sua liteira, pediu ao jovem homem se sentar ao seu lado. Quando os carregadores saíam do pátio interior, perceberam um carro parado diante do portal. Junto da equipagem postava-se o guardião da porta, anunciando bem audivelmente que Nitétis, ligeiramente indisposta, não receberia ninguém.

No carro estava em pé um homem de aproximadamente trinta anos, magro, muito moreno e de talhe mediano. Suas feições eram belas e regulares, mas seus lábios estreitos exprimiam uma impiedosa dureza e algo de enigmático, de sonso. Uma dissimulação maldosa vacilava em seus olhos, sombrios como a noite e impenetráveis como um abismo. À vista da liteira e de seus ocupantes, uma onda de sangue inundou o rosto de Nebenhari. Instantaneamente seus olhos se fixaram como duas chamas sobre os de seu rival. Ele puxou as rédeas e fez voltar seu carro com tal violência, que os fogosos corcéis empinaram, e o veículo levado a toda velocidade desapareceu numa nuvem de poeira.

Adiroma o seguiu com uma olhadela, escarnecendo.

– Acho que se não morrer de raiva, também não voltará mais aqui. Felizmente Nitétis é indiferente ao seu amor e ao seu ódio.

Nekebet nada respondeu, mostrando-se preocupada. Ao fim de um instante, o oficial rompeu de novo o silêncio:

– Nobre mulher, permita que eu a entretenha com uma questão muito grave para mim e que concerne à filha de Septab. Você sabe que amo Nitétis e espero que ela me aceite como esposo. Entretanto, estou impedido por uma circunstância que somente você, a amiga maternal da mocinha, pode esclarecer. Sei que Nitétis foi noiva há quatro anos do príncipe Mineptat, o sobrinho de nossa rainha, que a morte levou algumas semanas antes do casamento. Desde então, ela tem impiedosamente recusado todos os partidos que se apresentaram, e eu não compreendo isso. Ela ainda ama o príncipe depois de tantos anos? Está ligada a um juramento de ficar fiel à memória do finado? Qual o mistério que a torna fria e invulnerável ao amor dos homens? Mesmo estando frente a frente, ela é reservada. Eu lhe peço, Nekebet, que me diga o que se passa.

– Não vá atrás de quimeras e não fique com ciúmes de um morto – respondeu Nekebet. – Sem dúvida, Mineptat era o mais belo e o melhor dos homens. Renunciou a uma melhor aliança para ficar noivo de Nitétis. Há algo mais importante que isso para subjugar o coração de uma mulher?

— É claro que ele era de tal forma perfeito, que Osíris julgou a terra indigna dele e o chamou a si – disse ele.

— Como você é rancoroso, Adiroma! Sem dúvida Nitétis muito amou Mineptat e pranteia sinceramente. Você pode considerar como um rival esse homem pacífico que dorme na cidade dos mortos?

— No entanto, ele assombra o presente – respondeu com despeito. – Sinto que Nitétis sonha ainda com ele e o considera a incorporação de todas as virtudes que um homem deve possuir; ela desdenha os que a amam com amor terrestre!

— Todos esses sonhos de mocinha se evaporarão após o casamento e caberá a você fazê-la apreciar o amor terrestre. Em todo caso, eu lhe juro que não há em sua vida nenhum mistério e nenhum juramento.

— Agradeço, nobre mulher, e espero que meu sincero amor possa fazê-la esquecer o passado.

Chegaram à casa de Nekebet. O oficial a ajudou a descer de sua liteira e partiu.

Ficando só após a partida de seus hóspedes, Nitétis se estendeu sobre o leito de repouso, fechou os olhos e se absorveu em graves meditações sobre a decisão que deveria tomar.

Ela não duvidava que nessa festa, dali a dois dias,

Adiroma a pediria. O grave momento se aproximava, quando ela, caprichosa e voluntariosa, teria a um dono, um senhor. Uma ruga se formou em sua fronte... que palavra dura: um senhor! Sem dúvida Adiroma era um excelente partido, homem leal e bom. Sim, ela o amava. Mas também tinha seus defeitos; ela o sabia obstinado e violento. Além disso, ciumento. E sempre querendo mandar, achando que as mulheres eram criadas para obedecer.

Nitétis suspirou. Como uma visão tentadora, surgiu em sua lembrança a imagem do príncipe Mineptat. Por que não tinha ela podido lhe dar o nome de senhor? À frente do príncipe ela nunca teve vontade própria. Todo seu ser se submetia, dobrando-se quando um olhar acariciante de seus olhos veludosos mergulhava nos seus. O simples som de sua voz embriagava Nitétis e, quando a morte cruel veio arrebatá-lo, ela pensou perder a razão. Seu coração ficou petrificado de dor e nada podia reaquecê-lo. Oh! se o miserável Nebenhari o tivesse matado com um malefício, como ela o odiaria, como gostaria de retribuir sofrimento com sofrimento!

Seus projetos de vingança a levaram novamente a Adiroma. Seu casamento com o oficial faria certamente Nebenhari sofrer. Com sua perspicácia feminina, tinha entendido a ávida paixão de Adiroma por ela. Depois, era necessário se casar. Ela já estava quase com dezenove anos e não tinha vocação para ficar solteira! De resto, Adiroma era sem dúvida o mais simpático de seus pretendentes e por nada deste mundo se casaria com outro.

Essa última consideração pôs fim a todas as hesitações de Nitétis. Recusando, ela poderia preparar o triunfo de Tbubui, a linda filha do segundo portador do leque, que havia feito todos os esforços para atrair Adiroma à sua rede e por pouco não teria conseguido. Lembrou-se com raiva que durante muitas semanas o oficial havia frequentado assiduamente a casa do pai de Tbubui. O casamento só não aconteceu porque Tbubui tratou Adiroma miseravelmente e encheu de favores Nebenhari e um outro pretendente. Assim, Nitétis conseguiu novamente fazer com que Adiroma, que estourava de ciúmes, direcionasse seu interesse a ela.

"Está decidido. Vou aceitá-lo", murmurou ela saltando do leito de repouso. "Mas o amor não me cegará, conhecerei seus defeitos, suas fraquezas e veremos quem de nós vai reinar!"

Na tarde da festa, uma sociedade numerosa e escolhida estava reunida na casa de Adiroma. Sua mãe, a nobre Nera, estava sentada em meio aos convidados, na grande sala que se abria para os jardins, e conversava com tanta volúpia que não deixava a seus interlocutores tempo para responder. Era uma mulher de quarenta e oito anos, saudável, gorda e extremamente turbulenta. Não era muito brilhante, mas boa, serviçal e nunca invejosa da felicidade alheia. Adorava seu filho único e, vê-lo casado, segundo seu coração, embalar seus filhos em seus joelhos, era o sonho supremo dessa excelente mulher. Seu único defeito era a mania de tagarelar com curiosidade fútil, investigando todos os falatórios de Tebas.

Nitétis estava presente junto do pai. Quando o repasto da tarde terminou e todos os hóspedes, animados pelo vinho que corria solto, dispersaram-se nos salões e nos terraços, Adiroma se aproximou de Nitétis e, com um sorriso, propôs-lhe um passeio pelo jardim. A mocinha enrubesceu e se perturbou: o terrível momento de renunciar à sua liberdade era chegado! Contudo, levantou-se sem hesitar e desceu com ele os degraus do terraço. Em que termos Adiroma lhe proporia escravatura conjugal? Esse pensamento a preocupava. Com curiosidade mesclada de ansiedade, seu olhar foi até ele dissimuladamente. Pelo menos ele estava pálido e inquieto. Seria possível que ela o recusasse... Mas não. O rosto agradável do oficial não refletia senão uma calma feliz, a quietude da vitória. Tomada de súbito despeito, afastou-se e percorreu com o olhar o jardim magicamente iluminado por uma lua que acabava de surgir.

– Foi para admirar esta noite bonita que você me

propôs um passeio? – perguntou ela com ar zombeteiro. Não sabia que você era admirador da lua e das estrelas. Foi Tbubui que lhe inspirou esse gosto?

– Oh, não! Tbubui não se interessa nem pela lua nem pelas estrelas – um pouco de malícia vibrou em sua voz. – É de bom gosto imitar os grandes da terra e me conformo com essa regra, porque me disseram que o vencedor de tantos corações femininos, o belo príncipe Mineptat, agora no seio de Osíris, celebrava seus mais belos sucessos sob os doces raios do astro da noite.

Vendo que Nitétis fizera um ar de descontentamento, calou-se e continuaram a andar.

Os dois jovens chegaram a uma larga ala ao fim da qual um banco de pedra convidava ao repouso.

– Uma outra razão ainda me inspira o desejo de lhe propor este passeio – falou Adiroma depois de curto silêncio.– É que as confissões de amor saem mais facilmente de lábios tímidos em meio a essas paragens encantadoras, e a gente sente menos a derrota quando se declara vencido e se suplica ser aceito como escravo.

Nitétis se sentiu enrubescer vivamente.

– Eu teria a má vontade de recusar um escravo tão tímido e tão modesto? – disse ela, sentando-se sobre o banco para o qual eles se haviam dirigido.

Adiroma se colocou perto dela e, segurando suas mãos, a envolveu em um olhar apaixonado, deixando-a perturbada.

– Você me permite, então, confessar minha derrota e apresentá-la a nossos hóspedes como minha noiva?

A jovem egípcia fez um sinal afirmativo com a cabeça e não resistiu quando Adiroma a atraiu e premiu um beijo em seus lábios. Um quarto de hora mais tarde os convidados, sabedores da grande novidade, cercaram com taças cheias o jovem senhor da casa e sua noiva, desejando-lhes longa vida e prosperidade.

Era aproximadamente meia-noite, e a antiga capital do Egito repousava após o trabalho e a fadiga do dia. Na casa do portador do leque reinava igualmente um profundo silêncio. Senhores e escravos estavam profundamente adormecidos. Na ruela escura que seguia o muro do jardim de Septab, um homem envolto em um manto escuro caminhava silenciosamente; mas, evidentemente, conhecedor da topografia dos lugares por onde andava, parou sem hesitar perto de uma pequena porta de serviço e abriu-a com uma grande chave que tirou de sua cintura.

O desconhecido atravessou rapidamente o jardim e, chegando perto da casa, seguiu por uma longa galeria sustentada por pequenas colunas, pintadas como se fossem troncos de palmeiras. Ao sair dessa galeria, desembocou em uma rotunda, fechada de um lado por moitas cobertas de flores e do outro pela fachada da casa, que apresentava um terraço aberto, elevado de quatro a cinco degraus, embaixo dos quais estavam esculturas de duas esfinges agachadas. O intruso tirou seu manto, e os raios brilhantes da lua iluminaram a cabeça de Nebenhari. Trazia o "claft", uma túnica raiada e, sobre o peito nu, estavam muitos amuletos de formas estranhas.

Uma expressão de sombria resolução estava pintada no rosto desse homem. Postando-se diante do terraço, elevou os dois braços e, agitando uma varinha com sete nós que estava em uma das mãos, pronunciou com voz cadenciada uma conjuração em língua desconhecida.

Sua vontade era tal que as veias da testa, das têmporas e do pescoço incharam-se como cordas, e seus olhos sinistros, sob suas sobrancelhas franzidas, pareciam fosforescer.

Depois de um certo tempo ele chamou por três vezes em voz baixa: "Nitétis, venha aqui, eu ordeno!"

Alguns minutos se passaram em profundo silêncio. Logo o pesado cortinado de lã que fechava a entrada se elevou e uma esbelta figura de mulher apareceu no terraço: era Nitétis. Sua veste de noite, longa e branca como a neve, desenhava suas formas flexíveis e, sob os raios da lua que a clareava, ela se assemelhava a uma visão sobrenatural. A cabeça tombada para trás, os olhos fechados, mais deslizava que andava sobre as lajes, com os pés descalços. Avançava como que atraída por uma vontade estranha. No penúltimo degrau parou e, com um doloroso suspiro, comprimiu as mãos contra o peito.

Com os olhos cravados na moça, respirando pesadamente, Nebenhari se aproximou, elevando a mão que segurava a varinha. Perguntou com voz imperativa:

– Você me ouve?

– Sim.

– Você me vê?

– Sim.

– Pois bem! Eu ordeno que esqueça Adiroma e me aceite como esposo quando eu lhe pedir.

– Não, não! – murmurou ela, recuando.

– Você deve me obedecer, amar-me e esposar-me, eu ordeno! – falou Nebenhari, aproximando-se.

Com um gesto ameaçador, ele levantou a varinha para apoiá-la na testa da jovem; ela recuou e, com um gesto de pavor, cobriu-se com a mão, para aparar o golpe. Subitamente ela elevou os braços em direção a uma visão de seu espírito e exclamou:

– Rameri, Mago Divino, salve-me!

Furioso, os olhos coruscantes, Nebenhari deu novamente um passo em direção a ela.

– Obedeça! – sibilou ele, quase batendo em sua testa.

Mesmo estando adormecida, Nitétis parecia agora dirigida por uma força oculta. Agarrando o amuleto sagrado, amálgama de sete metais que lhe havia dado o velho hierofante, ela o elevou com as mãos num gesto de irresistível autoridade.

No mesmo instante, um raio de luz azulada, cintilante como uma chispa de diamantes, jorrou do talismã e bateu no peito e no braço levantado do mago.

Como atingido por uma flecha, Nebenhari caiu de joelhos, e seu braço se abaixou inerte. Nesse momento ele estava horroroso: o rosto convulso, a boca espumando; vomitava uma onda de censuras torpes, de ameaças e conjurações. Incapaz de se apaziguar e de se refazer, começou a rastejar em direção a sua vítima, tentando atingi-la com sua varinha; mas a cada passo, o raio protetor batia sobre ele, curvando ao solo o adepto das forças impuras que se torcia como em contato com ferro em brasa.

Essa luta assustadora entre a luz e as sombras durou vários minutos. Depois, definitivamente vencido, Nebenhari se arrastou sobre os joelhos para fora do círculo mágico criado pela cintilação luminosa; arquejando, inundado de suor, encostou-se a uma árvore. Como um animal feroz, ele, com os olhos, devorava Nitétis, que estava prostrada nos degraus; mas perto dela velava, como uma sentinela fiel, uma estrela brilhante que parecia surgir de seu peito.

Enfim, ele se virou e se foi.

Chegando em casa, bebeu uma taça de vinho na qual derrubou algumas gotas de um líquido escuro e, estendendo-se em seu leito, dormiu profundamente.

Na manhã seguinte chegou a Nebenhari uma nova decepção: um de seus amigos, um egípcio, contou-lhe a notícia do noivado de Adiroma e Nitétis. Ele mal teve forças para dissimular sua ira e, desde que sua visita partiu, fechou-se em seu quarto e ordenou que sob nenhum pretexto deveriam importuná-lo, esperando com impaciência o pôr-do-sol, pois era nas sombras que buscava sua força.

Quando veio a noite, desceu por um corredor escuro a um vasto subterrâneo, dividido por uma cortina de couro em dois compartimentos completamente diferentes no aspecto e no arranjo. O primeiro parecia um laboratório de alquimista, com suas prateleiras carregadas de canopos[1], vasos, frascos e ânforas de formas estranhas. O chão e os cestos se enchiam de rolos de papiros; viam-se, suspensos em ganchos, maços de ervas secas e membros dissecados de animais diversos; perto de uma mesa de pedra maciça pousada ao meio da sala e carregada dos mais diversos objetos, encontrava-se um assento.

Nebenhari pousou sua lâmpada sobre a mesa, iluminou uma tocha e passou ao compartimento contíguo. Neste, as paredes eram pintadas; sobre o fundo negro estavam traçados, em vermelho, hieróglifos e signos cabalísticos; sobre uma superfície lisa, lembrando um painel, uma gigantesca serpente se levantava ameaçadora. À exceção de alguns tripés, um grande cofre fechado e uma estante, essa sala subterrânea estava vazia.

Nebenhari começou por acender os carvões que amontoou sobre os tripés e ali jogou punhados de ervas secas, grãos e um pó que queimou crepitando com chama esverdeada, enchendo o subterrâneo de um cheiro azedo e desagradável; em seguida, despojou-se de suas vestes, cingiu a testa com uma banda preta bordada de sinais cabalísticos, tomou um ponteiro fendido e, postando-se em meio aos tripés, dispostos em triângulos, traçou com giz, ao redor de si, um círculo, no meio do qual ficou em pé. Elevando a forquilha

---
[1] Canopo: vaso em que os egípcios encerravam as entranhas das múmias. N.T.

começou, com voz cadenciada, a pronunciar suas conjurações; logo, golpes secos ressoaram na parede e nas lajes; depois, clarões vacilantes, vermelhos e esverdeados, apareceram surgindo dos cantos sombrios para se agrupar ao redor dos tripés. Essas chamas pareciam se fundir em uma fumaça negra que se condensou tomando a forma de seres estranhos e horríveis, misto de homens e animais. Rastejando ao derredor do círculo mágico que não podiam franquear, esses seres terríveis estendiam suas "mãos", procurando agarrar o ousado mágico que os tinha invocado dos abismos do Amenti; mas nada conseguindo, eles se agacharam, fixando Nebenhari com seus olhos abrasadores, nos quais a inteligência se mesclava com uma infernal perversidade.

Sem prestar atenção a seu público odioso, o mágico continuava seu canto bizarro, elevando cada vez mais a voz; depois, como um apelo, pronunciou três vezes uma palavra estranha e desconhecida. Então, sob um dos tripés, surgiu, turbilhonando, uma coluna de fumaça negra que se elevou até o teto e, fendendo-se de alguma forma, como uma cortina, deixou ver sua assustadora aparição: sobre um gigantesco torso humano erguia-se uma cabeça de bode com cornos recurvados ao alto, entre os quais uma chama avermelhada queimava como uma tocha; imensas asas negras estendiam-se em suas espáduas, perdendo-se no fundo sombrio do subterrâneo.

— Por que me chama? — perguntou o espírito mau.

— Quero sua ajuda para destruir meu rival e separá-lo de Nitétis para que eu ganhe o coração daquela a quem amo.

— Para desligar seu rival de sua noiva é preciso criar uma mulher mais bela e mais poderosa. Séfora, sua escrava, morta ontem de esgotamento, servirá a você neste propósito. Amanhã, à meia-noite, faça a grande conjuração e, com minha ajuda, um dos meus servidores animará esse corpo inerte abandonado pela alma que o habitava. Ela seduzirá Adiroma, afastando-o de Nitétis e, quando eles celebrarem o casamento, lançará a flecha mortal. Com seu rival destruído, nós tomaremos conta de Nitétis.

Nebenhari escutou com olhos brilhantes de selvagem satisfação; então pronunciou as palavras mágicas que ordenavam ao ser inferior se dissolver e reentrar no invisível.

O egípcio empregou a manhã do dia seguinte a diversos preparativos. Em primeiro lugar, fez aquisição, em nome de uma mulher chamada Séfora, de uma pequena mas elegante casa situada nos confins de Tebas. Essa habitação, que se vendeu toda mobiliada e com os escravos indispensáveis ao serviço, convinha a seus planos. Em seguida, ele transportou ao subterrâneo os objetos dos quais tinha necessidade para a obra assombrosa a que se propunha.

Um pouco antes da meia-noite, Nebenhari, o corpo untado de um unguento com aroma acre e forte, desceu ao subterrâneo que estava completamente mudado desde a véspera. Agora, elevava-se ao fundo um estrado alto com sete degraus, encimado de um dossel sustentado por quatro pequenas colunas. Em três lados, pregas sombrias pendiam até o chão. No último degrau, viam-se duas esfinges cujas cabeças fosforescentes se destacavam vigorosamente no fundo escuro da sala. A cada uma delas se encostava um tripé, e um terceiro se encontrava sobre o estrado. Por último, nesse estrado, um leito de repouso recoberto de um pano ao pé do qual se apoiava um grande disco de metal pousado sobre o último degrau.

Nebenhari começou por acender os carvões sobre os tripés; depois jogou ali punhados de ervas que exalaram um odor nauseabundo e sufocante. Em seguida, colocou à cabeceira do leito uma vela feita de gordura de crianças mortas antes de nascerem. E ao pé, um candelabro de sete braços com círios de cera preta. Isto feito, tirou o pano, descobrindo o corpo nu da mulher estendida sobre o leito: era uma jovem e bela criatura com formas esculturais, cujos longos cabelos loiros pendiam até o chão; sua tez deveria ter sido branca, mas já tinha tomado a cor baça e esverdeada da matéria abandonada pelo princípio vital; no belo rosto rígido da morta, parecia congelada uma expressão de sofrimento e depauperamento.

Essa mulher fora uma prisioneira de guerra comprada por Nebenhari para a empregar em suas experiências ocultas; mas, abusando sem misericórdia das forças da desditosa menina, ele havia quebrado o laço de vida do frágil organismo. Sobre o peito do cadáver, o mago pousou um morcego com asas estendidas; entre as patas do animal encontrava-se uma escudela de louça cheia de tufos de ervas alcatroadas.

Terminados esses preparativos, Nebenhari, de forquilha na mão, colocou-se no círculo que havia traçado ao pé dos degraus. Inclinou-se para o norte, para o sul, oriente e ocidente, pronunciou um canto monótono, conjurando os quatro elementos e seus servidores para virem ajudá-lo; depois, prosternou-se e invocou Tifonset, pedindo-lhe também auxiliar sua vingança.

Em seguida, agarrou um martelo posto sobre os degraus e deu um golpe sobre o disco de metal. Um som vibrante, lancinante como um grito de angústia, encheu o subterrâneo, fazendo tremer a abóbada, ao mesmo tempo que um jorro de chamas esguichou do centro do disco, inundando-o de um clarão incandescente que logo se apagou.

A varinha mágica que Nebenhari tinha estendido à frente brilhou com um clarão esverdeado. Quando elevou o braço, essa chama estranha se destacou e, cortando o ar, iluminou a vela colocada na cabeceira, a qual se pôs a queimar com um crepitar sinistro; as ervas alcantroadas sobre o peito queimaram vermelhas como sangue e, enfim, surgiram os sete círios negros cuja luz multicor aclarou fantasticamente essa cena lúgubre.

    Pegando de novo o martelo, Nebenhari bateu sobre o disco mais dois golpes: as possantes vibrações que encheram o subterrâneo ainda não estavam extintas quando rumores estranhos se elevaram de todas as partes; um estrondo surdo, semelhante ao barulho das vagas que se chocam com os rochedos da costa, fez tremer as paredes; trovões troaram, raios e clarões sulcaram o ar com seus ziguezagues de fogo. O vento assobiava e gemia. Nesse caos de elementos desencadeados, começaram a surgir larvas em nuvens negras turbilhonando como tropas de morcegos. Investindo contra o cadáver sobre o qual se arrojavam, erguiam suas cabeças imundas, disputando a presa com gritos, uivos e roucos suspiros.

    Essa luta se prolongou por instantes; então a multidão odiosa recuou; uma das larvas, dentre as muitas que havia, encolhida sobre a cabeça da morta, parecia se infiltrar em seus cabelos louros, não permitindo a aproximação de competidores, crivando-os de jatos elétricos. Erguendo os dois braços, Nebenhari pronunciou uma conjuração para restabelecer a circulação do sangue; pegou um bodinho preto que, deitado com os pés amarrados, tinha sido escondido até aquele momento nas dobras da cortina, e lhe cravou no pescoço uma faca brilhante. O sangue jorrou da ferida borbulhando; o mágico encheu do líquido quente uma taça posta a seus pés, após o que, de um salto sobre o estrado, ele a esvaziou na chama que crepitava ainda sobre o peito do cadáver. Ouviu-se um ferver semelhante ao da água caindo sobre o metal incandescente; um estrondoso trovão acompanhado de gritos e roucos gemidos sacudiu as paredes; as velas se apagaram subitamente sob o vento possante que parecia varrer o subterrâneo... e então tudo ficou silencioso.

Nebenhari jogou sobre os dois tripés novos punhados de ervas e, no clarão vacilante que elas projetaram, viu o corpo de Séfora estremecer com um longo suspiro, estirar os membros flexíveis e sacudir com delícia a massa de seus cabelos dourados.

Mesmo o destemido mágico fremiu com esse espetáculo; um arrepio gelado o sacudiu e, dominado por terror momentâneo, cobriu os olhos com as mãos.

O contato com uma mão gelada que procurava estender até seu pescoço o trouxe à realidade; fixando-o com olhos brilhantes, uma indefinível expressão de crueldade e um sorriso maldoso nos lábios, a morta-viva estava de pé diante dele. "Um segundo de fraqueza e eu me ponho à mercê dum monstro que invoquei!...", pensou Nebenhari, e, pronto como um raio, vibrou um golpe duro da forquilha na cabeça dela.

– Para trás! serpente do Amenti, e trema diante de seu Mestre! – disse ele em voz imperativa.

A mulher se curvou com um estremecimento:

– Ordene! murmurou ela.

Intimando-a a segui-lo com um gesto de ordem, Nebenhari passou para a primeira sala, acendeu as tochas e, designando uma mesa sobre a qual se viam vestes e uma caixinha cheia de joias, disse:

– Vista-se.

Com habilidade estranha e felina, ela se paramentou com uma túnica branca bordada, colocou braceletes, enfeitou os cabelos e cingiu a testa com uma banda trabalhada em ouro.

Com cruel satisfação, Nebenhari contemplou essa sinistra e maravilhosa beleza:

– Você será bem forte, Adiroma, se resistir... – falou trocista.

Sob a ordem de Nebenhari, a mulher cobriu a cabeça com um véu espesso, envolveu-se num manto escuro, e saíram do subterrâneo.

Uma hora mais tarde uma pequena barca conduzida por dois remadores punha o mágico e sua companheira na entrada do jardim pertencente à casa comprada na véspera em nome da nobre Séfora. Os escravos reunidos por ordem do egípcio saudaram com temor e respeito sua nova dona.

Quando os servidores se retiraram, Nebenhari se voltou para Séfora, nome que deste instante em diante daremos à morta-viva:

— Você está em sua casa; vigie, a fim de que tudo esteja pronto a receber um hóspede que lhe ordeno escravizar e que lhe permito destruir. Eis, em primeiro lugar, o que deve você fazer: amanhã à tarde haverá festa em casa de Neco, o condutor do carro do faraó; estarei lá, assim como um oficial chamado Adiroma, que lhe apresentarei. Você vai estar nessa reunião, vai se interessar por Adiroma e se fazer amar por ele; se possível, faça com que ele a conduza de volta, e ponha em seu dedo o anel que lhe estou dando.

— Obedecerei, Mestre.

— Conto com isso. Servindo-me, permitirei a você fruir por longo tempo a vida nesse corpo que lhe dei.

Em casa de Neco, o jovem e belo condutor do carro de Ramsés III, havia festa. A elite da juventude dourada de Tebas e algumas mulheres de origem duvidosa, das que convivem com a hipocrisia, achavam-se reunidas. A alegria estava no apogeu, e o vinho consumido em abundância esquentava cada vez mais o cérebro dos convivas, quando um escravo azafamado acorreu e anunciou ao senhor que uma rica liteira acabava de parar diante da casa e que uma muito nobre mulher, mas nunca antes vista, solicitava permissão de tomar parte na festa. Uma gargalhada geral acolheu a esse pedido.

– Lógico! Certamente! Faça-a entrar, Neco, você não pode decentemente recusar hospitalidade a uma mulher, talvez apaixonada por você – gritou muita gente jovem com malícia.

– Espera! Antes de tudo quero saber o aspecto da visitante; se for feia ou velha eu a despeço sem misericórdia – replicou ele de modo espaventado, lançando-se para fora.

Alguns minutos mais tarde, voltou conduzindo uma jovem de surpreendente beleza, que ele apresentou aos outros como sendo a nobre Séfora, viúva de um funcionário morto em Sais e há pouco estabelecida em Tebas.

Como fascinados, os homens fixavam a bela desconhecida e, sob o olhar estranhamente queimante de seus olhos azuis sombrios e brilhantes como a pedra safira, alguns se sentiram mal. Quanto às mulheres, todas – sem exceção – sentiram profunda aversão pela intrusa. Por sua verve, sua alegria, suas espantosas réplicas, Séfora logo se tornou a rainha da festa; mas, com grande despeito de Neco e de alguns outros, ela só se preocupava com Adiroma. A predileção pelo jovem oficial era tão visível, e o sucesso de Adiroma tão evidente, que seu amor próprio foi subjugado e, logo que a encantadora lhe rogou, com sedutor sorriso, para conduzi-la a casa, ele acedeu sem hesitar.

Na liteira, a conversa continuou primeiro com animação, depois um singular torpor invadiu Adiroma; a cabeça girava, e por um instante, perdeu a consciência de si mesmo. Esse incidente foi tão fugidio, que mal se apercebeu do resto, e, quando se despediu de Séfora, trazia no dedo um soberbo anel de esmeralda que todos haviam admirado na mão da desconhecida. Havia ainda prometido ir no dia seguinte passar a tarde com ela.

Quando ele acordou no dia seguinte, todo o seu ser estava radiante de lembranças dela; ele acreditava não haver jamais conhecido tão adorável criatura, cuja imagem empalidecia a de sua noiva. E foi quase com raiva que ele pensou em Nitétis e na necessidade de lhe fazer uma visita.

A filha de Septab estava ainda em seu quarto de vestir quando ele chegou. Sentindo-se forçado a visitá-la, ele jogou-se em um assento e se pôs a sonhar com a imagem da tentadora Séfora, cintilante diante de seu olho espiritual. Sempre contemplando a esmeralda que brilhava em seu dedo, rememorava com satisfação a preferência não disfarçada que a estrangeira lhe havia testemunhado. Ele esqueceu tão completamente de Nitétis, que não reparou na jovem entrando travessa e sorridente. Deslizando por trás dele, passou em seu pescoço uma cadeia de ouro, na qual se balançava um amuleto.

Como batido por uma comoção elétrica, Adiroma saltou de sua cadeira berrando; pareceu-lhe que um torrencial calor e uma corrente de ar gelado provocaram violento choque, arrebatando-lhe a respiração. Assustada com sua aparência de sofrimento e suas exclamações, Nitétis recuou empalidecendo:

– Que foi Adiroma? Está doente?

– Não, mas o que você me fez? – perguntou ele bruscamente.

– Nada, coloquei em seu pescoço o amuleto que Rameri, o Mago Divino, fez para meu noivo e do qual lhe falei outro dia.

Por um momento o jovem homem esqueceu Séfora; a afeição profunda e sincera que ele sentia por Nitétis pareceu se refazer e, sentando-se perto dela, falou de amor e fez planos para o futuro.

– Ah! Que anel lindo! Ainda não o conhecia! –

exclamou a jovem percebendo de repente o anel.

– É um presente – respondeu Adiroma enrubescendo. E recobrando seu mal-estar íntimo, apressou-se em se despedir.

Preocupado e de cabeça pesada, o jovem chegou em casa. Alguma coisa esquisita e inexplicável se passava em seu íntimo; dois poderes pareciam aí lutar. Dois amores: um calmo e doce, puxava-o à sua noiva; o outro, violento, selvagem, absorvente, arrastava-o à Séfora.

Duas sensações não menos singulares se apartavam em seu corpo: uma agradável, de um calor que se espalhava em seu peito, enquanto um frio mortal gelava seu braço direito, onde parecia haver uma guerra invisível, cujas unhas se cravavam em sua carne.

Atormentado por esse mal-estar, andava a passos largos pelo quarto quando, subitamente, lembrou sua promessa de ir à casa de Séfora tomar a refeição da tarde. Um novo combate se travou em seu coração: a honestidade lhe soprava que, tendo em consideração sua noiva, deveria evitar a mulher que, certamente, era uma aventura; a paixão o arrastava a essa picante aventura, insinuando-lhe sofismas de mil formas.

– Por Rá e Osíris! – gritou ele enfim, já impaciente. – Eu sou louco; creio que é muito escrúpulo por uma simples e inocente visita! Ainda não estou casado, e tenho, ora, o direito de fazer uma visita a uma linda mulher durante os últimos dias de minha liberdade!...

Pôs fim a suas últimas hesitações e ordenou atrelar seu carro. Despedindo o condutor, dirigiu-se até o bairro de Tebas sozinho.

Séfora o recebeu radiante; de mãos estendidas correu ao seu encontro. Mas, de repente empalideceu, estremeceu, e foi com voz incerta que ela convidou Adiroma a partilhar seu jantar. Espantado, o jovem homem a seguiu sobre o teto plano onde os esperava uma mesa suntuosamente servida.

O ar fresco e puro da tarde, o aroma das flores que subiam do jardim, o seleto festim – tudo convidava ao bem-estar e à alegria; e Adiroma se abandonou cada vez mais; mas sua bela hospedeira parecia oprimida; sua frescura, como o brilho de seus olhos, estavam apagados. Ao encher o copo do rapaz, servindo-o com animação, ela evitava cuidadosamente olhar o amuleto que se balançava em seu pescoço. Cada vez mais esfogueado, o oficial examinava sua vizinha, não compreendendo absolutamente seu estranho abatimento. Afinal ele a enlaçou e pediu, atraindo-a para si:

– Que você tem, Séfora? Está indisposta?

Lívida e trêmula, a jovem mulher se jogou para trás.

— O ciúme me oprime — murmurou ela. — Se você ama e aspira a me possuir, tire e jogue longe esse amuleto que sua noiva lhe deu.

Adiroma estremeceu de espanto! Por qual mistério Séfora poderia saber que o talismã suspenso em seu pescoço lhe havia sido dado por Nitétis, algumas horas antes? Tomado de vago temor supersticioso, olhou sua vizinha que, curvada sobre si mesma, como uma pantera pronta a dar o golpe, fixava-o com olhos de fogo.

Ao vislumbre do sol que se deitava, as pupilas azuis lhe pareceram esverdeadas e uma chama jorrava, fascinante como o olhar da serpente que subjuga sua vítima. Embriagado, Adiroma contemplou a bela tentadora; todos os seus sentidos estavam em ebulição, e a mais grosseira paixão o escravizava, expulsando de seu coração e de sua memória a imagem pura de sua noiva e a palavra dada; quanto mais o calor que vinha do talismã o enfraquecia, mais o frio subia em seu braço, invadindo todo seu ser.

Cego, fascinado, esquecendo honra e dever, ele arrancou o talismã, lançando-o longe, nas lajes.

— Por você, Séfora, eu sacrificaria tudo no mundo! — murmurou ele, inclinando-se para ela.

— Oh, agora você está de bem comigo! — sussurrou ela, enlaçando seu pescoço e pressionando um beijo nos lábios do rapaz, que estremeceu sob curiosa sensação: parecia-lhe que duas serpentes geladas o estrangulavam, enquanto a boca fervente sobre a sua sugava e lhe absorvia a própria vida, que ia abandonando seus membros pesados e transidos dum frio mortal.

O sol se levantava quando Adiroma deixou sua amante; foi vã sua procura, sobre o teto chato, da corrente que na véspera ele havia jogado longe; o talismã tinha desaparecido e foi com esquisita e desagradável sensação que voltou para casa.

Nitétis naquele dia tinha se levantado inquieta; um sonho singular e assustador perturbou sua noite; viu um abismo negro se cavar entre ela e Adiroma, e um monstro pavoroso puxar o jovem nesse abismo. Tomada de pânico e pavor, ela invocou o socorro dos imortais. Foi quando Rameri apareceu e disse: "Tire do dedo de seu noivo a esmeralda que lhe deu a mulher do Amenti e ele se salvará."

Como uma verdadeira egípcia, Nitétis acreditava na veracidade dos sonhos; nessa mesma manhã iria visitar Nera, que teria boa explicação para seu sonho. Depois tomaria de Adiroma o anel nefasto.

A jovem se preparou para sair, quando chegou inopinadamente sua amiga Benemba, a irmã do Neco, casada com um escriba real.

– Mande sair suas escravas. Quero lhe falar de coisas bem sérias – disse Benemba, que parecia apressada e cuidadosa. – Minha grande amizade por você me faz preveni-la da singular conduta de seu noivo – começou ela quando se acharam a sós. – Escute o que me contou Neco e o que já tagarela toda a cidade.

Relatou a chegada da desconhecida à festa noturna, o convite feito a Adiroma para acompanhá-la e, enfim, o índice mais grave: o anel de esmeralda que todo mundo havia admirado no dedo da desconhecida ornava agora o dedo do oficial, que, com toda evidência, deixava-se arrastar a uma escandalosa aventura, pois no mesmo dia, pela manhãzinha, dois jovens, amigos de Neco, o tinham visto sair da casa de Séfora.

Nitétis corou vivamente durante essa narrativa.

– Agradeço o aviso, Benemba, e saberei recompensá-la – respondeu ela. Um sombrio relâmpago jorrou de seu olhar. Hoje mesmo exigirei de Adiroma uma explicação e, se ele não puder se desculpar, provarei que não estou disposta a ser alvo do riso de Tebas.

– Foi muito difícil chegar a lhe dizer tudo isso... aprovo sua reação e... não tomo mais seu tempo – respondeu a jovem mulher se despedindo.

Chegando à casa de Nera, Nitétis soube que ela acabava de sair, mas Adiroma estava em casa e veio saudá-la, convidando-a a esperar o retorno de sua mãe.

Nitétis reparou imediatamente a palidez de seu noivo e o incômodo visível que o fazia evitar olhar em seu rosto. Após conversações superficiais, ela olhou a esmeralda, louvando-lhe a beleza e pedindo a Adiroma que lhe desse essa joia.

– Este anel? Impossível! balbuciou ele. Peça-me qualquer outro.

– Essa recordação lhe é tão preciosa? – observou Nitétis com sarcasmo. – Pois sim! Eu lhe pergunto então como se explica que meu noivo levou de uma festa noturna uma mulher desconhecida, se dá tanto com ela que ganha um anel, e só a deixa ao amanhecer?!...

Adiroma se endireitou encolerizado.

– Não tenho satisfação nenhuma a dar de meus atos – disse ele com hostilidade. – Você pensa que vou me tornar seu marido para ser seu escravo e viver perguntando onde posso ir e com quem posso falar? Seu ciúme é ridículo!

Os lábios lhe tremiam; Nitétis escutou com as sobrancelhas franzidas.

– Tem razão! Ter ciúmes de você seria ridículo – respondeu ela, medindo-o com os olhos, cheia de desprezo. – Somente fique certo de que jamais você teria necessidade de minha permissão para cometer qualquer covardia, pois você jamais será meu marido.

Guarde o anel que a cortesã lhe deu! Entre nós está tudo acabado.

Durante essa altercação, Nera chegou de seu passeio e, à entrada da casa, havia encontrado Nekebet, que tinha acorrido a lhe contar os rumores escandalosos advindos da conduta de seu filho. As duas mulheres se dirigiam para o terraço quando, na entrada da pequena sala de recepção, notaram os noivos e as últimas palavras de Nitétis chegando a seus ouvidos:

— Hator, possante deusa — proteja-nos! Que se passa aqui? — exclamou a boa Nera sobressaltada. — Nitétis, meu bem, que está dizendo? E você, Adiroma, fica calado ao invés de se desculpar diante de sua noiva?

— Não tenho mais noiva e acho que Nitétis faria bem se nos libertasse, aos dois; estava enganado julgando amá-la e agora somente compreendi o que é o verdadeiro amor.

Nitétis deu uma gargalhada dura e mordaz.

— Você compreende, nobre Nera, a resposta de seu digno filho; foi preciso encontrar uma reles cortesã e aventureira para entender o verdadeiro amor. Eu também agradeço aos deuses por ter reconhecido a tempo que estava enganada, tomando-o por um homem decente. Adeus! Eu lastimo, boa Nera. Acreditei poder chamá-la de mãe e rogarei aos Imortais sustentá-la no pesadelo que a espera.

Ela se virou e saiu, seguida de Nekebet, que, resolvendo fugir a um entrevero familiar, acreditava ser seu dever reconduzir a jovenzinha.

Triste e sombria, Nitétis reentrou em casa. Mortalmente ferida em seu orgulho, era-lhe penoso falar, mesmo a Nekebet; esta, compreendendo seus sentimentos e o desejo de solidão, instalou-a em um leito de repouso e se retirou.

Mas Nekebet, sabendo que Septab acabava de entrar no palácio, foi para junto dele fazê-lo sabedor das ocorrências.

O portador do leque, homem violento, transbordou de cólera; foi para junto da filha, abraçou-a e lhe recomendou ficar tranquila, visto que ele tiraria vingança magnífica da injúria feita. Mas para seu grande espanto, Nitétis sacudiu negativamente a cabeça com um calmo desprezo, e um indomável orgulho vibrava em sua voz quando respondeu:

— Se você me ama, papai, não suje a mão castigando o imbecil. Jamais amei Adiroma e nada estou perdendo; se eu o aceitei foi mais para satisfazer seu desejo de me ver casada.

Ficando só com seu filho, Nera se jogou sobre ele como um falcão:

– Mas que escândalo! Vergonha sobre você, Adiroma! Age como um demente! Quero saber o que significam suas imprudentes palavras.

– Significam que sou feliz de me ver livre para desposar Séfora, a única mulher que amarei sempre.

– Você está louco!... Louco varrido! – gritou Nera com voz aguda, agitando os braços sobre a cabeça dele. – Você, filho de Rahotep, desposar uma obscura aventureira que nenhuma egípcia honesta admitiria em sua casa?! E crê que eu sobreviveria a isso? Jamais, jamais essa criatura, pela qual você ofendeu a virtuosa Nitétis e seu nobre pai, passará pela soleira de minha casa!

– Ela passará a soleira de minha casa como esposa, tão certo quanto o de eu estar diante de você, de pé! – respondeu Adiroma. – Mas se minha mulher a desagrada, podemos nos separar de você...

A pobre mãe pensou cair de costas e, batida por tão dura resposta, mergulhou em lágrimas.

– Adiroma, meu menino querido, torne a você... Você está enfeitiçado, é um amor do inferno que o apanhou! Vamos ao templo, talvez com abluções e amuletos os padres o curem.

— Não, mãe, é inútil. Eu sei o que faço e não tenho necessidade de ser curado de um amor legítimo e natural.

Quinze dias se passaram; Adiroma resistiu na resolução tomada, e a notícia de seu casamento com a desconhecida era a tagarelice de Tebas. A bela e misteriosa mulher, vinda não se sabe de onde, despertava curiosidade geral. Desde a festa em casa de Neco ela não apareceu em parte alguma, mas Adiroma havia levado três de seus amigos a casa dela, entre os quais o condutor do carro do rei. Todos ficaram maravilhados com o espírito e a graça sedutora da jovem diferente, cuja tez tão rosada coloria o rosto pálido e tão transparente como jamais se tinha visto.

Nitétis, ofendida com todo o ruído que provocava essa aventura, evitava sair; apesar da máscara de desprezo gelado em que se cobria, seu coração estava profundamente ferido. Quanto à Nera, seu desespero ultrapassava todos os limites; os preparativos para o casamento a exasperavam. No dia em que Adiroma celebrou com pequena festa seu noivado oficial, a pobre Nekebet acreditou ser seu dever não abandonar a amiga, temendo ver Nera perder a razão pelo desespero e cólera.

Na casa de Séfora houve a reunião; ali se festejava o noivado da linda senhora do domicílio que, muito bem paramentada, amável, cheia de verve, presidia à festa. Terminado o repasto, passou-se ao terraço, ornado com profusão de plantas raras e guirlandas de flores; perto de mesinhas carregadas de vinhos e frutas, agrupavam-se umas oito pessoas jovens, e a conversação, animada por numerosas libações, prosseguia mais animada ainda.

Sozinho, Adiroma parecia pálido e derrotado; falava bruscamente; suas mãos eram febris; uma inextinguível sede o devorava. Sua bela noiva estava cheia de amor e de atenção para com ele, mas cada vez que ela o encarava, vinha ao rosto dele uma expressão de sofrimento, um relâmpago jorrava dos olhos esverdeados da jovem e um misterioso sorriso brincava em sua boca.

Subitamente ela se sacudiu num estremecimento; um palor lívido invadiu seus traços; os olhos perturbados e dilatados se fixaram na ala que conduzia ao terraço: ali acabava de surgir a alta e esguia figura de um padre vestido com longa veste branca.

Teria sido difícil lhe deduzir a idade: seu rosto bonito parecia jovem; expressão de calma e superioridade reinava nele; via-se que dominava evidentemente toda paixão humana, e isso só se poderia dar a uma experiência de vida bem longa. Seus olhos límpidos e profundos pareciam penetrar o fundo da alma de cada um.

Espantados com a vinda desse padre que ninguém

dali conhecia, os jovens se tomaram dum respeito involuntário, levantando-se a fim de o saudar.

– Saúdo a todos, disse o desconhecido com voz profunda e harmoniosa e, aproximando-se de Adiroma, pôs a mão sobre seus ombros:

– Chamado pela dor e lágrimas de seres inocentes, venho salvá-lo da morte iminente que o ameaça. Olhe, imprudente!

Ele levantou a mão e, subitamente, todos viram uma flecha vermelha como sangue, assobiando e crepitando como metal em fusão, precipitando-se sobre Adiroma. Foi aí que toda a pessoa do hierofante pareceu se iluminar de luz alvinitente. Sua mão suspensa expediu um raio que, volteado sobre si mesmo, a dois dedos do peito de Adiroma, fez a flecha retornar sua ponta e, com um estrondo semelhante ao de um trovão longínquo, desapareceu na mão do Mago Divino.

– Mensageiro da morte, retorne contra aquele que o enviou! – disse solenemente o Padre, voltando-se aos homens estupefatos e pálidos cujos olhares iam dele à Séfora, que já tinha escorregado de seu assento para as lajes e, com a face no chão, rastejava em direção ao sábio. Com o olhar incendiado, num instante o sacerdote fulminou o corpo servil como o de uma serpente, o qual se torceu a seus pés em convulsões de agonia. Então, levantando sua varinha, pronunciou:

– Matéria, que te dissolvas em teus elementos constitutivos! E você, ser impuro, evocado do Amenti, fique banido deste corpo que você usurpou!

Ele ainda falava quando um crepitar se fez ouvir, semelhante ao produzido pela água caindo sobre o metal incandescente: uma nuvem escura se expandiu no meio dos assistentes que, mudos de horror, fixavam um cadáver em plena putrefação, estendido aos pés dos expectadores!... Essa massa pútrida, esverdeada, roída por vermes, exalava um mau cheiro asfixiante.

– Vejam, disse o sábio, o corpo era animado por um espírito impuro; mas desde que a luz o tocou, caiu na poeira, pois as sombras e as más paixões lhe tinham dado vida; deve ser sepultado o mais rápido possível na cal viva. E você, Adiroma – e o hierofante se voltou a ele que, imensamente emocionado, havia coberto o rosto com as mãos –, deve suportar as consequências de sua fraqueza. Lembre-se, pois, de que o mal só é poderoso quando não encontra ponto de resistência. Você se deixou guiar somente por paixões grosseiras, esquecendo o dever e o amor filial; sujou a alma e o corpo ao contato impuro; você se entregou ao poder de um ser nefasto que sugará sua força vital, a menos que uma afeição pura e desinteressada se levante entre você e o demônio do Amenti, como um escudo protetor, tomando o lugar do talismã que jogou longe tão frivolamente.

O Padre se voltou, saudou a todos com um aceno, desceu os degraus do terraço e desapareceu sem que ninguém pudesse dizer por onde ele teria saído.

Enquanto se celebrava em casa de Séfora o alegre noivado, Nebenhari, radiante de ódio satisfeito, havia descido ao subterrâneo a fim de terminar, com a ajuda de sua ciência maldita, a perda de seu rival.

De pé, no meio do círculo mágico que o protegia contra os seres impuros que ele invocava, havia imolado um galo preto, após ter repetido o nome de Adiroma três vezes. Acompanhando esses ritos sacrílegos de conjurações terríveis, mergulhou uma flecha no sangue do animal; depois, ajoelhando-se, lançou o projétil.

Em seguida, soltou um grito rouco: recebeu um enorme tranco que, como trovão, abalou o subterrâneo; um foguete vermelho como sangue surgiu da parede e penetrou no peito nu do mágico, que estendeu os braços se abatendo como uma massa.

Nebenhari estava morto.

Alguns dias mais tarde encontrou-se o corpo de Nebenhari: olhos vítreos, parecendo ainda exprimir assombro e, na altura do coração, via-se uma mancha negra semelhante a uma queimadura.

Neco e os participantes da festa já tinham

propagado por toda a cidade de Tebas a narrativa da terrível aventura que haviam presenciado. Ninguém duvidava da culpabilidade de Nebenhari, e o rei mandou jogar fora o cadáver impuro do mágico, para que fosse comido pelos corvos.

Adiroma tinha sido transportado em profundo desmaio; seus amigos tiveram de esperar muitas horas até que os cuidados de um padre-médico o fizessem voltar a si.

Enfraquecido e esgotado de tanto chorar e gritar, Nera o apertou emocionadamente contra o peito e, pela primeira vez, desde sua loucura fatal, ele lhe devolveu os carinhos com efusão. Passado esse primeiro momento de alegria, o jovem quis arrancar o anel que o ligava a uma odiosa larva do Amenti, mas qual não foi seu horror quando constatou que o anel parecia achatado em seu dedo e que era impossível tirá-lo!

E por segunda vez ele desmaiou...

Desde esse dia tentou-se, por todos os meios possíveis, livrar o infeliz do sortilégio. Ele maldizia sua imprudência, mas tudo era vão: nem conjurações, nem abluções, nem sacrifícios, nada o ajudava a se livrar. O anel maldito permanecia grudado no dedo de Adiroma, parecendo sugar e absorver sua vida.

Emagreceu e enfraqueceu a olhos vistos e logo

não pôde mais se levantar; pouco a pouco a fraqueza invadiu completamente seu organismo, e o frio glacial não se concentrava apenas em seu braço, mas havia tomado todos os seus membros. Semelhante resultado de sua galante aventura tinha curado radicalmente Adiroma de seu amor pela encantada do Amenti; com vergonha e pesar, ele sonhava com Nitétis; voltou a ela sua profunda e sincera afeição.

Notando-lhe o remorso, o desejo de rever sua antiga noiva e reparando que ele já estava usando suas derradeiras forças, a boa Nera resolveu tentar uma reconciliação. Foi à casa de Nitétis, que a recebeu afetuosamente, e escutou em silêncio o relato dos sofrimentos e do lastimável estado de Adiroma; mas à primeira palavra que a mãe arriscou de seu projeto, a orgulhosa mocinha a fez parar:

– Deixemos isso, minha boa Nera; seu filho, ele mesmo, quebrou o laço que havia entre nós. Eu não nego o poder do encantamento, mas se ele me amasse de verdade, teria, por causa desse amor, a força de resistir ao sortilégio; o talismã que lhe dei foi um escudo. Mas ele se colocou nessa aventura de corpo e alma, desprezando a palavra dada e a fidelidade que me devia; depois me repeliu com palavras ferinas que jamais esquecerei. Eu lhe perdoo e lastimo por ele, mas não mais o quero rever.

Nera partiu lacrimosa, e Nitétis, ficando só, jogou-se sobre o leito e chorou amargamente. Malgrado o orgulho que a dominava e abafava todos os seus sentimentos, seu amor por Adiroma continuava a viver em um cantinho de sua alma, escondido; a narrativa de seus sofrimentos e a revelação do amargo remorso tinham-na comovido profundamente; seu coração abrandava, pleiteando o perdão e o esquecimento, e foi com esforço que ela rechaçou esse sentimento.

O estado de Adiroma piorava a cada dia... Não se podia mais duvidar que a lassidão que o minava pressagiava um desfecho fatal próximo.

Nera suplicou, e os padres se reuniram ainda mais uma vez à cabeceira do jovem e, depois de longa deliberação, declararam que o último e único meio de salvar o doente era lhe cortar a mão onde estava o anel maldito que o ligava ainda às forças destrutivas do abismo.

Apavorado, Adiroma recusou peremptoriamente, preferindo a morte à mutilação, mas as lágrimas de sua mãe e as persuasões de seus amigos levaram-no a ceder, e ele tudo consentiu. Foi decidido que dali a dois dias, à madrugada, após as preces e os sacrifícios, o grande padre cortaria sobre o altar sacrificatório a mão sacrílega que havia concluído o pacto com a noiva do Amenti.

Nekebet, contristada com esse acontecimento terrível, e cheia de compaixão pelo infortúnio do jovem e de sua mãe, visitou-os e, ao deixar a casa de sua amiga, não pôde resistir ao desejo de fazer uma visita a Nitétis e lhe contar o que se preparava.

Sabedora de que se ia horrorosamente mutilar seu antigo noivo, a jovem soltou um grito e, tapando o rosto, murmurou:

— Pobre Adiroma! Os deuses estão surdos às suas preces e ao seu arrependimento!

— Em todo caso, você vê que é bem vingada — observou Nekebet. — Bem poderia ver o pobre moço e lhe dizer algumas palavras de consolo. A presença da mulher amada lhe dará forças morais. Faça isso, minha menina, porque se ele morrer — e os padres receiam terem tardado na resolução — você se reprovará amargamente do rancor e da dureza.

Depois que a velha dama partiu, Nitétis andou de um lado para outro em seu quarto com agitação febril; sua cólera tinha-se fundido em profunda piedade; ela se examinou fundamente, mas não encontrava um meio de socorrer Adiroma. "Oh, por que ele jogou o talismã?" repetia ela desoladamente. Com os olhos cheios de lágrimas, ela se ajoelhou diante da estatueta de Hator que ornava seu altar doméstico e fez ardente invocação elevada de sua alma, implorando à divindade, com toda a fé de seu coração inocente, a saúde do corpo e da alma para o homem que a havia ofendido.

Foi aí que uma ideia a iluminou; o Mago Divino havia dito: "Somente se uma afeição pura e desinteressada se levantar entre você e o demônio do Amenti você será salvo". Então se o amor maternal era impotente, o seu talvez o salvasse. Sem perder um instante, ela mandou preparar a liteira e, acompanhada da ama, foi à casa de Nera.

A velha dama dormia, esgotada de dor e lágrimas; Nitétis não quis incomodá-la, mas se fez conduzir à câmara do doente.

Num terracinho sombreado de árvores, Adiroma estava estendido em um leito de repouso; ele cochilava, e o sol se pondo aclarava de tinta rósea seu rosto pálido e emagrecido; em sua mão inerte, no anular, brilhava a esmeralda fatal, infiltrando traidoramente a morte nesse corpo jovem e resistente.

Ela se aproximou do leito chorando; o orgulho ferido, as ofensas havidas estavam esquecidas; somente a compaixão e amor desinteressado enchiam seu coração. Ela tirou de seu pescoço a cadeia na qual se balançava seu talismã e o premiu contra seus lábios: "Leve a vida e a saúde, amuleto sagrado!" murmurou ela, "E o Senhor, Divino Hierofante, perdoe a ele como eu lhe perdoo; faça com que a luz dissipe as trevas, e a vida triunfe da morte!"

Com o rosto brilhante de alegria generosa e de fé ardente, a jovem moça se inclinou e colocou o talismã sobre o peito do adormecido; nesse momento uma chama negra jorrou do anel. A esmeralda se fendeu e desapareceu, dispersada em milhões de átomos.

Adiroma soltou um grito e se levantou, sentando-se logo após. Como um bêbado, passou a mão sobre a fronte; sentia um calor vivificante circular em seu corpo, voltando a elasticidade de seus membros e, como por um milagre, o anel maldito havia desaparecido. Que havia acontecido?...

Então ele se apercebeu da presença de Nitétis, que havia recuado espantada, e saltou do leito. Ainda pálido e vacilante, mas transfigurado de felicidade e esperança, ele se lançou a ela.

— Nitétis, você veio me trazendo o perdão e a saúde! Eu sinto uma nova vida encher todo o meu ser, e o anel que me ligava ao demônio que me matava desapareceu! Estou salvo, eu o sinto e lhe suplico, minha bem-amada, não perdoe pela metade!

Ele se atirou bruscamente a seus braços, e a jovem subjugada e feliz não resistiu.

— E agora me diga como você obteve esse

milagre? – perguntou ele atraindo sua noiva para um banco, porque o excesso de felicidade o havia cansado.

– Eu me lembrei das palavras do divino Rameri; sobre o altar do amor verdadeiro depositei o meu orgulho e o meu perdão – murmurou Nitétis com um lindo sorriso. – Eu lhe dei o amuleto sagrado, e a força desse talismã o livrou. Agora ele nos protegerá os dois e apagará até mesmo a lembrança da noiva do Amenti.

ROCHESTER

São Petesburgo, 16/28 de fevereiro de 1892

A Urna

A neve caía em grandes flocos, cobrindo de branca e espessa mortalha as casas e ruas de uma grande cidade da Alemanha do Norte. Era 24 de dezembro, e a animação feliz que precede a mais bela das festas de família via-se por todo lado. Carregadores com abetos[1] de todas as dimensões, gente levando pacotes, crianças de rosto contente e olhos brilhantes corriam atarefadas, em todas as direções.

Um elegante carro puxado por dois cavalos atravessava lentamente essa multidão de transeuntes e carruagens. Ao atingir uma rua menos movimentada, o cocheiro mudou de marcha, dirigindo-se em trote rápido até o bulevar que conduzia para fora da cidade.

No interior desse carro estava sentado um elegante

---

[1] Abeto: árvore européia da família das abietíneas; pinheiro alvar; planta ornamental. N.T.

homem de de trinta anos aproximadamente. Sob o gorro de pele apareciam cabelos castanhos; uma barba curta da mesma cor emoldurava seu rosto de traços regulares; suas espessas sobrancelhas chegavam à raiz do nariz, e os grandes olhos brilhantes davam uma expressão de energia sombria, mas adoçada por uma boca com lábios pouco carnudos, cujo sorriso indiferente pintava uma profunda bondade. Perto dele, sobre uma banqueta, estava depositado um grande embrulho feito de lona impermeável, amarrado com cuidado, lacrado e vindo, evidentemente, de longe, a julgar pelos numerosos carimbos estrangeiros colocados em seus lados.

O carro tinha agora deixado a cidade e se dirigia por uma alameda arborizada, bordada de elegantes vivendas, em direção de um castelinho construído em estilo renascença, flanqueado de torrezinhas e ornado de balcões ornamentados. Um vasto jardim, cujos bosquezinhos nus vergavam sob espesso colchão de neve, cercava essa rica habitação.

Absorvido por seus pensamentos, o jovem homem nem prestava atenção ao caminho; não reparou que o carro acabava de atravessar a grade aberta do jardim e, somente quando a carruagem parou e um lacaio se aprestou em abrir a portinhola, ele se endireitou, estremecendo.

Vendo que o doméstico se ocupava do embrulho, ele segurou seu braço:

– Espere, espere, Daniel, levarei isso eu mesmo, você só me ajude. Queira Deus que não tenha havido dano no conteúdo – disse ele. Ajudado pelo empregado, levou até o vestíbulo o embrulho que parecia ser muito pesado e, de lá, após ter tirado o casaco, ao primeiro andar, onde depositou a preciosa remessa sobre uma cadeira junto da porta.

O aposento em que acabava de entrar era um grande salão ricamente mobiliado, no meio do qual estava posto um grande abeto já ornado em parte de nozes douradas, caixas de bombons e daqueles mil artefatos elegantes criados pela indústria moderna para ornar a árvore simbólica.

Uma jovem, de pé sobre um tamborete, estava toda absorvida em fixar, sobre os galhos superiores, flocos de neve artificial. Ao ruído da porta que se abria, ela saltou para o tapete e correu em direção ao recém--vindo, gritando com visível impaciência:

– Enfim você chegou, Alfredo! Onde esteve durante tanto tempo?

Era uma criatura encantadora, de vinte e dois anos, delgada, delicada, graciosa como uma criança, com grandes olhos azuis e espessos cabelos dourados, mas, pelo vinco de sua boca, a expressão móbil de seus olhos, o fremir de suas narinas, percebia-se uma alma apaixonada e voluntariosa. Vestia roupa caseira de seda cor de safira, com um corpete de pelúcia da mesma cor, que fazia sobressair vantajosamente sua tez deslumbrante. Com olhos brilhando de amor, o homem a enlaçou em seus braços:

– Foi impossível vir mais cedo, mas vou agradecê-la, minha Edith, por ornar você mesma nossa árvore de Natal, a primeira que acendemos em nossa própria casa.

A jovem lhe deu um beijo, mas seu olhar deslizou para baixo da espádua do marido até o embrulho misterioso e, designando-o, perguntou curiosa:

– Que tem aí dentro? É um presente para mim?

– Não. Para você, minha querida, reservo presentes mais modernos, respondeu Alfredo rindo. A caixa é um presente para mim, e quando você vir o conteúdo, não vai querê-lo. Vamos ao ateliê, estou apressado para abrir isso. Somente pegue um xale, que ali está um pouco frio.

Edith se envolveu apressadamente numa echarpe de pelúcia, depois ajudou o marido a erguer a caixa. No quarto contíguo, uma escada em caracol, recoberta de um tapete de veludo vermelho, conduzia a uma sala imensa que ocupava toda a fachada do rés-do-chão. A sala acabava em uma rotunda circular, aclarada por três janelas e, no centro, havia um bloco de mármore grande e todos os instrumentos de escultura.

O ateliê que precedia esse pequeno santuário de trabalho poderia muito bem passar por um museu, e a mão do artista, nunca incomodado por considerações financeiras, parecia haver juntado em profusão objetos de arte tão raros quanto preciosos.

O jovem casal depositou o embrulho sobre um divã encimado por uma panóplia[2] envolvida em brilhantes estofados orientais, e enquanto Alfredo se ocupava em desfazer os envoltórios, Edith perguntou:

– Donde veio isso?

– De Roma; meu velho amigo, o professor Aubray-Brune, enviou-me uma urna que foi recentemente descoberta durante suas escavações na Via Ápia – respondeu Alfredo, virando cuidadosamente os parafusos que fixavam a tampa da caixa.

– Você não ignora – acrescentou ele – que ele é arqueólogo apaixonado, e, sabendo qual parte eu tomo em seus trabalhos, escreveu-me que enviaria uma urna funerária de rara beleza, na qual estavam intactas as cinzas de um patrício chamado Valérius. A respeito

---
[2] Panóplia: armadura de cavaleiro da Idade Média. N.T.

dela, coisa curiosa, não se tem outra indicação, salvo que foi conservada na sepultura da família e está em muito bom estado, como o professor a descobriu – continuou o jovem homem, retirando a tampa da caixa.

Edith se inclinou curiosamente e ajudou o marido a retirar o vaso precioso, que foi posto sobre a mesa; separaram-no então da espécie de acolchoado espesso e macio onde tinha sido envolvido. Enfim, o último pano foi tirado e, ao olhar dos dois jovens, apareceu uma grande urna de alabastro, ornada com pegadores. Sobre a tampa, esculturas admiráveis, mas o que tornava verdadeiramente original o pequeno monumento funerário era uma espécie de rede de arame metálico aplicada sobre um dos lados do vaso e no centro do qual se ornava engastado um grande camafeu onde se via esculpida uma cabeça de homem duma rara beleza. Sobre o pé do vaso estava gravada a lacônica inscrição: "Valérius, patrício".

– Mas que coisa curiosa! Nunca vi semelhantes disposições numa urna antiga, eu creio. Deus me perdoe! Esta rede é de ouro! – fez Alfredo, examinando e apalpando com o dedo os elegantes arabescos que evidenciavam o camafeu. Estavam tão finamente cinzelados que se destacavam como uma renda polida sobre o fundo branco do vaso.

– Somente uma coisa me espanta – ajuntou ele

encolhendo os ombros – é que o professor esteja decidido a se separar, em meu favor, de um objeto tão raro e original!

Edith não respondeu; absorvia-se na contemplação do camafeu.

– Que cabeça admirável! Você acha que seja o retrato do homem cujas cinzas estariam nessa urna? – perguntou ela com vivacidade.

– É bem provável.

– Ah! Como eu gostaria de ver se verdadeiramente a urna não está vazia!

– Que mulher curiosa! Dar uma olhada nas cinzas dum homem bonito – disse Alfredo rindo e tentando levantar a tampa; mas esta parecia cimentada, e somente com a ajuda de uma faca ele conseguiu separá-la do vaso.

– A gente só vai ver um pó cinzento – disse Alfredo – depois de ter olhado e inclinado a urna para Edith. Mas quando a jovem mulher quis ali deslizar a mão, ele recuou vivamente o vaso.

– Ei! Deixe isso. Por que perturbar as cinzas desse nobre patrício? – disse o jovem escultor com desaprovação. É melhor que me ajude a colocar a urna sobre este console; aqui ela vai ser vista e formará um precioso ornamento no meu ateliê.

Com ar agastado e descontente, Edith seguiu o que lhe pediu o marido.

– Ah! que cabeça soberba! Até hoje não se viu um homem assim tão bonito! – exclamou ela, lançando um último olhar de admiração ao camafeu. Depois, virando-se, saiu correndo.

Ficando só, Alfredo pegou uma cadeira e se absorveu de vez na contemplação do camafeu, mas quanto mais ele fixava aquele rosto, apesar de sua incontestável beleza, mais lhe parecia desagradável; uma expressão altaneira, um sorriso de desdém trocista parecia plainar em seus traços regulares. Um sentimento de inimizade, chegando ao ódio, encheu subitamente o coração de Alfredo. Surpreendendo em si mesmo essa sensação de animosidade sem motivo, sacudiu a cabeça com um sorriso.

"Estou bobo ou com ciúme da admiração de Edith por este punhado de cinzas que outrora formaram esta bela cabeça?", murmurou ele. "Quem foi você, Patrício Valérius? Se você está morto, tal como representa o camafeu, que má sorte o destruiu na flor da idade? Em todo caso, sua alma orgulhosa não tinha certamente imaginado que isto que restou de você, depois de dois mil anos, viria servir de ornamento ao ateliê de um artista."

Inclinou a cabeça sobre o espaldar da poltrona e sonhou silenciosamente.

Alfredo Roemrer era o filho único de um negociante muito rico que, mesmo sendo homem de negócios de corpo e alma, era muito liberal para deixar a seu filho toda liberdade de se consagrar à carreira artística. O jovem homem estudou então a escultura em sua pátria primeiramente, depois na Itália; alguns trabalhos provaram a originalidade de seu talento e lhe deram cedo uma certa reputação. Com a morte de seu pai, tornou-se dono de imensa fortuna. Voltou à sua cidade natal, estabeleceu seu ateliê no pequeno palácio onde introduzimos o leitor, e se pôs outra vez a trabalhar com todo o ardor de um verdadeiro artista, mas com a quietude que dá uma existência assegurada. Após alguns meses, casou-se com a filha de uma antigo companheiro de seu pai, jovenzinha bela e rica que ele adorava; nada ainda tinha turvado sua felicidade, salvo a inclinação ao ciúme que, de vez em quando, manifestava-se no caráter de Edith.

O jantar tinha acabado, a árvore de Natal apagada depois de ter iluminado a montanha de presentes que se haviam reciprocamente ofertado os jovens esposos, e sentados os dois no quarto de vestir de Edith, conversavam alegremente. Ela não deixava de examinar e experimentar os novos adereços, e Alfredo não se fatigava de admirá-la, quando a entrada de um doméstico os interrompeu, trazendo uma carta a seu patrão.

Olhando à primeira vista o envelope, o rosto de

Edith se obscureceu, e o vermelho da cólera a invadiu quando seu marido exclamou:

— Tenho de partir já, Edith. Erna me escreve que o pai dela está muito mal e deseja me ver antes de morrer.

— Ah! Erna sempre exagera. Eu aposto como o estado de seu pai não apresenta nenhuma gravidade e que não havia urgência em vir estragar nossa véspera de Natal; mas a verdadeira razão é que Erna gostaria de ver você lá — disse Edith com despeito não disfarçado.

— Você não se envergonha de atribuir uma tão baixa intenção àquela pura e fiel criança, já tão provada pela vida! Se Erna escreve que seu pai está à morte, certamente é verdade. E não é para mim senão um dever sagrado adoçar os últimos momentos de um velho que foi amigo de meu pai, que é meu amigo, guiou minha juventude e cultivou meu espírito, não como instrutor assalariado, mas como um segundo pai. Vou partir já e chegarei a tempo de tomar o trem das onze horas. Não tenho necessidade de lhe assegurar que me apressarei em voltar, tão cedo quanto possível.

— Oh! Não se incomode! Fique uns quinze dias mesmo, se quiser. Vou para casa de papai, o que será maravilhoso e ali ficarei duas ou três semanas — respondeu Edith, os lábios tremendo e se jogando numa poltrona.

– Você é livre para agir como queira! E eu ficarei em casa de meus amigos tão longo tempo quanto meu dever me obrigue – respondeu Alfredo com olhar severo de desaprovação, deixando o quarto.

Meia hora mais tarde, o carro de novo estava diante do portal, e o empregado ali colocava uma pequena valise, enquanto seu patrão entrava na sala de vestir para se despedir da esposa. Edith não tinha se mexido do lugar. À entrada de Alfredo, ela voltou a cabeça e disse venenosamente:

– Vá, vá e não perca tempo em formalidades supérfluas. Eu nada sou para você e já estou habituada à infelicidade de ter um tal marido. Eu também posso ter o belo Valérius – o prazer seria o mesmo!...

– Console-se com ele então durante minha ausência. Pelo menos não ficarei com ciúme – replicou o jovem homem, meio rindo, meio agastado. Erguendo à força a cabeça baixada da bela caprichosa, ele a beijou e saiu.

Ficando sozinha, Edith começou a chorar. Em seguida se pôs novamente a admirar e experimentar os presentes recebidos. Mas sem Alfredo, isso era metade do prazer. Entediada e despeitada, passou para seu quarto, vestiu um penhoar, fez-se pentear para a noite e tentou ler; mas seus pensamentos estavam longe e iam de Erna a seu pai doente para a urna chegada naquela manhã.

De repente, jogou o volume no tapete e levantou-se. "Vou ao ateliê admirar o camafeu e examinar o interior da urna. Alfredo permitiu que eu me distraísse com o belo Valérius", murmurou ela com um sorriso de desafio zombeteiro.

Com a vivacidade que a caracterizava, Edith pegou uma vela, envolveu-se em um xale e desceu ao ateliê. Iluminou dois candelabros e se sentou diante do console, fixando longamente o camafeu. "Como esse homem deve ter sido bonito! Que charme sedutor nesses traços clássicos, nessa boca fina e altaneira! Vou ver se consigo encontrar um ossinho na urna. Seria uma estranha sensação apalpar um pedacinho desse belo corpo!"

Pensou e fez; ergueu a tampa e deslizou a mãozinha na urna. Sacudida por um calafrio, apalpou uma poeira seca, misturada de fragmentos duros, de diferentes grossuras. Ao mesmo tempo, pareceu-lhe que uma atmosfera glacial enchia o vaso, e que um vapor úmido e pegajoso se colava a seus dedos; naquele instante ela sentiu segurar um objeto que lhe pareceu ser um osso bastante grande. Retirou vivamente a mão e se aproximou das velas para examinar o achado.

Com grande espanto, reconheceu que acabava de retirar da urna não um pedaço de osso, mas um anel de metal polido e recoberto de poeira. Emocionada bastante, pôs-se a limpar e esfregar a joia com a ponta de seu xale de lã, constatando que o anel, liso e uniforme como um anel nupcial, levava gravada uma inscrição que ela não pôde decifrar. "Que lástima!", pensou Edith, passando a seu dedo o anel que lhe era muito largo. Mas no mesmo instante ela estremeceu e recuou: um suspiro distinto, parecendo sair da urna, tocou seu ouvido.

Um pavor sem nome tomou a mocinha. Suas pernas trementes se recusavam servir e, coberta de suor gelado, sucumbiu numa cadeira. Todos os seus membros estavam paralisados e, no entanto, uma sensação desconhecida fazia palpitar dolorosamente cada fibra de seu ser. Seus olhos arregalados estavam grudados na urna, de onde ressumava espessa nuvem negra, enconbrindo a luz das velas. Uma semi-obscuridade baça reinava agora na sala vasta, cujo fundo se perdia em sombras espessas.

Subitamente apareceu no orifício da urna uma chama azulada que rapidamente se dilatou. Tornando-se compacta, tomou a forma de uma nuvem oblonga sulcada de clarões; depois, fendeu-se com um "crack" sinistro, enquanto uma lufada de vento úmido e frio bateu no rosto de Edith, forçando-a a fechar os olhos.

"É a urna que vai arrebentar e seus estilhaços vão me matar". Esse pensamento passou como um raio pelo cérebro da jovem; mas, no mesmo instante, uma mão úmida tocou a sua, e ela abriu os olhos, enquanto um grito abafado tentava sair de sua garganta. Diante dela estava de pé um homem jovem, de alta estatura, enrolado em uma toga com um agrafe incrustado retendo as dobras sobre seu ombro: era o original do camafeu... Mas, agora, a vida animava seus traços de pureza clássica; anéis de ébano sombreavam sua fronte; um sorriso de orgulho satisfeito errava em seus lábios vermelhos, e seu olhar de flama fixava Edith.

– Valérius... – murmurou ela involuntariamente.

– Sim, sou eu – respondeu uma voz sonora, mas levemente velada. Seu coração me reconheceu, e minhas cinzas palpitaram com sua aproximação. Venha comigo, vamos imergir no passado! Respiremos ainda uma vez a atmosfera desaparecida desde os séculos, mas sempre viva nos arquivos da criação!

O romano se inclinou para ela, enlaçou-a pela cintura, forçando-a a se levantar. Quebrantada, a jovem se apoiou nele, sentindo então os batimentos precipitados do coração no peito do misterioso visitante. As mãos roçaram as pregas macias de sua toga, e sua face sentiu o frio das pedrarias do agrafe.

Sem resistência, ela se deixou levar até a urna, que, iluminada de clarões avermelhados, parecia flutuar no ar. Os ouvidos de Edith zumbiam; a cabeça rodava; tudo parecia desmoronar ao seu derredor com um ruído de trovão, e milhares de fagulhas dançavam diante de seus olhos. Depois, uma nova lufada pareceu levantá-la, fazendo-a turbilhonar no espaço e se abater com a sensação de cair de altura vertiginosa, mas sem que isso lhe fizesse nenhum dano; ao contrário, um bem-estar agradável a enchia, um peso enorme parecia se ter destacado dela, e, com um profundo suspiro, ela reabriu os olhos.

A neve, o céu brumoso do norte, o ateliê, tudo tinha desaparecido. Ela se encontrava sobre um elegante terraço com balaustrada de mármore e ornado de plantas raras; alguns degraus conduziam a um jardim de tamanho regular, circundado em dois lados por uma galeria com colunas; o céu de um azul-safira não tinha uma nuvem, e os arbustos em flor enchiam o ar de um aroma delicioso. Edith se via vestida com uma túnica de lã fina, branca, bordada de gregas de ouro; largos braceletes brilhavam em seus braços, e correias de couro vermelho calçavam seus pés.

A jovem mulher, que tinha perfeitamente consciência da dualidade de suas sensações, levou as mãos à testa: tinha o tempo realmente recuado dois mil anos ou a existência de Edith era um sonho? Hesitante e perturbada, ela se aproximou da balaustrada, e seu olhar caiu sobre dois homens que acabavam de aparecer em uma das galerias e atravessavam o jardim, dirigindo-se ao terraço: um era Valérius, o outro, indubitavelmente, era Alfredo. Ele também estava togado, e seu rosto sem barba, seus cabelos cortados à escovinha e mesmo uma certa diferença em seus traços o tornavam, em uma primeira abordagem, difícil de reconhecer. Mas Edith não duvidou: era seu marido, ali como Alfredo ou Flávius, que se aproximava, conversando com Valérius, ao qual ele parecia explicar qualquer coisa, denotando uma visível deferência. O patrício escutava distraído e, desde que eles se aproximaram do terraço, seu olhar ávido e queimante se cravou na jovem mulher, cujo coração começou a bater violentamente; todo o seu ser palpitava de amor por esse jovem homem, mas ela sabia que devia dissimular esse sentimento, e somente um rosado ligeiro coloria suas faces quando ela se inclinou diante do nobre visitante que a saudava.

– Você está aqui, Octávia? – disse Flávius apertando amigavelmente sua mão.

– Sim, eu vim esperá-lo. Pensava que você viria só – respondeu ela balbuciando.

– Encontrei seu marido, e, tendo minha manhã livre, propus a Flávius utilizá-la para a última sessão – explicou o patrício, que, mergulhando um olhar queimante e ousado nos olhos da jovem mulher, acrescentou:

– O acaso me favoreceu, dando-me ocasião de saudá-la; mas rogo a você, Flávius, autorize sua esposa a nos acompanhar ao ateliê. Nada melhor me permitirá conservar a expressão satisfeita que você me exige senão contemplar o rosto sorridente da mais bela mulher de Roma.

Com um sorriso e a melhor boa vontade, Flávius atendeu ao pedido, e os três passaram a um vasto ateliê de escultor, atravancado de blocos de mármore, de esboços e obras já terminadas.

No meio do ateliê, encontrava-se uma estátua quase terminada, de tamanho natural, representando Valérius; era uma obra magistral como parecença e como acabamento. O altaneiro e desdenhoso sorriso do modelo errava nos lábios de mármore; os olhos conservavam sua expressão sorridente; a mão fina e aristocrática segurava as dobras tão flexíveis e tão macias que não deixavam nada a desejar do tecido verdadeiro de lã fina que portava Valérius.

Enquanto o cinzel do artista modelava algumas últimas nuances de expressão à cabeça de seu modelo, os jovens conversavam e, por instantes, os olhos de Valérius exprimiam claramente – mais que as palavras – os sentimentos apaixonados que lhe inspirava Octávia.

O coração da jovem mulher batia quase a se romper; um tremor nervoso a sacudia e, temendo trair-se, Octávia pretextou um afazer urgente e deixou o ateliê. Refugiando-se no bosque mais isolado do jardim, ela se deixou cair sobre um banco e apoiou em uma árvore a cabeça febril e entorpecida.

Que tempo decorreu nesse espaço de esquecimento? Disso ela não teve consciência, mas gritos e um imenso clamor de assombro e desespero a arrancaram de seu torpor. Reabriu os olhos e constatou, em primeiro lugar, que uma espessa e acre fumaça enchia o ar, e que dominava o tumulto das vozes humanas um crepitar semelhante àquele de uma imensa caldeira em ebulição, interrompida de tempos em tempos por estrépitos semelhantes a trovões. Louca de terror, Octávia se lançou para casa, procurando Flávius e chamando seus servidores, mas seu marido, subitamente ela lembrou, tinha saído, e o medo havia dispersado seus escravos como uma tropa abandonada pelo pastor; sozinhas, algumas mulheres lívidas, os olhos desvairados, corriam daqui para lá, berrando lugubremente. Ansiosa para olhar o que se passava lá fora e compreender o que realmente ocorria, a jovem mulher subiu correndo uma escada em caracol que conduzia a uma plataforma de uma alta torrezinha de madeira, do alto da qual Flávius costumava se divertir fazendo observações astronômicas. Dessa altura, a vista se estendia ao longe, mas o espetáculo que se oferecia à jovem a pregou como petrificada a seu lugar.

Roma inteira parecia em fogo; imensos turbilhões

de fumaça aumentavam ainda a obscuridade da noite que caía, estendendo-se como uma lúgubre mortalha sobre a malfadada cidade. Um mar de chamas se elevava por tudo, como tochas gigantescas, e inundava a terra a perder de vista, iluminando com clarão sangrento os contornos dos edifícios que se destacavam como metal fundido sobre um fundo de azeviche. O desmoronar das casas, as colunas que desabavam, os clamores desesperados de milhares de homens, misturados ao crepitar da madeira inflamada, tudo isso se confundia em caos assustador, apavorante.

Edith tinha se esquecido completamente da dualidade de vida e de sensações que ela experimentara antes. Neste instante ela se sentia Octávia. O terror de uma morte horrível fazia correr arrepios em toda a sua pele; o perigo se aproximava, as vagas encapeladas do incêndio rolavam com um ruído sinistro até sua casa. Os gritos se tornavam mais distintos; as lufadas de fumo acre lhe tiravam a respiração. Com um grito de angústia ela se arrancou a esse torpor e desceu correndo.

Queria fugir, mas para onde? Como? Ela nada sabia – queria somente abandonar aquela casa voltada à destruição. Como louca, atravessou correndo as salas desertas, e à entrada do átrio se chocou com Valérius, que se precipitava para o interior.

– Octávia, está sozinha? Onde está Flávius? – gritou ele, segurando-lhe a mão.

– Não sei, ele não entrou, e os escravos se foram, abandonando-me – balbuciou ela.

– Você não está abandonada enquanto eu respirar, mulher adorada! Eu a salvarei ou morrerei com você! – gritou apaixonadamente Valérius. – Mas Octávia, neste momento supremo, diga a verdade, fale se eu não estou enganado crendo ler em seus olhos o voto mudo de que você partilha meus sentimentos.

Ao som dessa voz vibrante de amor, sob o olhar de fogo do patrício, Octávia esqueceu tudo: o rugido do incêndio, os gritos de angústia, a morte iminente, tudo se apagou e, murmurando:

– Sim, eu o amo e não quero viver ou morrer senão com você!

Ela se jogou em seus braços.

Um instante ficaram abraçados. Depois Valérius se refez energicamente.

– Nós viveremos, minha querida, e esta infelicidade pública trará nossa felicidade. Rápido, vamos!... – Arrancou sua toga, envolveu-a na jovem, baixou um pano em seus olhos e arrastou-a para fora.

No pátio igualmente deserto estava atado seu

cavalo; ele montou, colocou Octávia diante de si e deixou a casa.

O jovem homem forçou um galope pelas ruas obscuras ainda não invadidas pelo incêndio, mas logo teve de ralentar o passo, pois o caminho estava atulhado de uma multidão que, carregada de seus mais preciosos haveres, fugia em todas as direções; charretes reviradas, animais que escouceavam aturdidos, alguns carros sem cocheiro levados pelos seus cavalos, gritos de pessoas esmagadas aumentavam ainda mais o horror e o tumulto. Apavorada, Octávia se apertava contra seu companheiro.

– Nada tema, querida – murmurou Valérius em seu ouvido – e junte toda sua coragem. Teremos de atravessar uma parte da fornalha porque quero ir até o palácio imperial. Em uma de suas alas encontra-se o pequeno apartamento atribuído a meu encargo; eu não o ocupo senão de tempos em tempos e lá eu a esconderei até amanhã.

Lentamente continuaram seu caminho e logo atingiram o perímetro ocupado pelo incêndio. Aqui a morte estava à espreita a cada passo; as ruas se apresentavam atulhadas de escombros, semeadas de cadáveres; as vigas calcinadas desabavam fendendo-se; os tições inflamados voavam de todos os lados; tijolos avermelhados e frontões de mármore se abatiam com estrépito quase sob as patas do cavalo; mas Valérius dominava com mão de ferro os saltos desordenados de sua montaria que já espumava. Evitava felizmente os projéteis inflamados e calcava sem piedade todo ser vivente que fizesse obstáculo à sua passagem. Octávia tinha fechado os olhos e apertado a cabeça contra o peito de seu companheiro. Pouco a pouco o ruído diminuiu. Valérius fez sua montaria tomar uma andadura mais viva; depois pararam.

– Chegamos. É necessário fazermos o resto do caminho a pé – disse ele saltando do cavalo e fazendo descer sua companheira.

Jogou as rédeas sobre o pescoço do animal e o abandonou a si mesmo.

– Frelon vai voltar à cavalariça e ao mesmo tempo desfará as pistas – acrescentou com bom humor.

Durante alguns minutos costearam um valado; depois, puseram-se numa ala de jardins imensos que cobriam o Palatino e cercavam a residência imperial; ali reinava silêncio e quietude, somente um odor acre de fumaça testemunhava o inferno que pipocava e fervia até o pé da colina.

Logo apareceram, entre os bosquetes, os muros do palácio, e Valérius, que se deslizava com precaução, estremeceu e parou: a alguns passos deles encontrava-se um terraço avançado, religado ao palácio por uma galeria de colunas, e lá estavam dois homens de pé, um dos quais, apoiado à balaustrada, contemplava a cena de destruição que se estendia a seus pés. Ele acabava, sem dúvida, de tocar, pois em seus braços repousava uma lira dourada e, voltando-se a seu companheiro, sombrio e mudo a alguns passos atrás de si, exclamou com admiração visível:

– Que soberbo espetáculo este grandioso mar de chamas, esta incomparável gradação de cores, desde o ouro e a púrpura até o negro de ébano! A única coisa que estraga é que a turba estúpida tire a harmonia deste quadro único com seus gritos discordantes.

– É a plebe grosseira, cegada por seus interesses mesquinhos, que não pode, ó César, elevar-se a seu nível de artista – respondeu o homem com voz abafada.

– Sim, tantos gritos por seus vasos quebrados e algumas casas miseráveis de madeira que desabam! Minha alma de artista julga de outra maneira: sob as cinzas desta Roma de madeira e de pedra, eu farei surgir uma Roma de mármore, de pórfiro[3] e de ouro, a primeira e a mais bela cidade do mundo!

E, com um gesto de entusiasmo, tangeu as cordas de sua lira e entoou um canto de alegria esfuziante.

---
[3] Pórfiro: no grego, púrpura. O nome alude à cor. Qualquer mármore que apresente cristais muito brancos em contraste com o fundo. N.T.

Crispando os punhos, Valérius murmurou:

– Tirano cruel, histrião sanguinário, quando enfim Nêmesis[4] o atingirá?

Depois ele arrastou sua companheira no silêncio da noite.

Sem que tivesse consciência da metamorfose, a jovem Octávia se encontrou numa pequena sala abrindo sobre o terraço atulhado de flores, ao pé do qual brotava um jato d'água. Ela estava semi-estendida sobre almofadas de púrpura; a seus pés se sentava Valérius, falando-lhe de seu amor e brincando com seus longos cachos dourados que se espalhavam até as lajes.

Subitamente a alta figura de um homem surgiu no terraço e, em dois saltos, já estava perto da dupla que se endireitou espantada; reconhecendo no intruso seu marido, Octávia soltou um grito de assombro e se agarrou em Valérius.

Flávius estava irreconhecível; a raiva convulsionava seu rosto lívido, e flocos de espuma tremiam nos cantos de sua boca quando ele proferiu com voz entrecortada:

– É assim então que você está em perigo! E é

---

[4] Nêmesis: ser da Mitologia grega, filha da noite. Às vezes é personificada como a vingança divina que castiga o crime, abate o orgulho e corrige o excesso de felicidade com que um mortal pode despertar a inveja nos deuses. A concepção grega é de que todo aquele que se eleva acima de sua condição está sujeito à correção por parte dos Imortais, porquanto tende a comprometer o equilíbrio do universo. N.T.

nesta vivenda isolada, nos braços de um amante, que a trouxeram as vagas de fogo do incêndio!

Valérius, vermelho e furioso, saltou de seu assento, mas antes mesmo que ele pudesse pronunciar uma palavra, Flávius se jogou contra ele e, com um grito:

– Morra, ladrão de mulheres!

Cravou-lhe uma faca no peito. O patrício estendeu os braços e se abateu pesadamente sobre o leito de repouso, inundando de sangue a jovem mulher. Vendo os olhos de Valérius se velar nas sombras da morte, sentindo seu sangue quente avermelhar suas mãos, Octávia desmaiou: ela se sentia turbilhonar sobre um abismo e, no seu desespero, procurou ansiosamente se agarrar... e se pegou a um volume gelado.

Subitamente viu que se achava no ateliê de Flávius e que o objeto a que se havia abraçado era a estátua de Valérius, esculpida por seu marido. Se bem que estivesse um pouco avermelhada e escurecida pelo fogo, ela se achava intacta num pedestal alto com dois degraus, sobre o segundo dos quais se encontrava também pousada uma urna enfeitada com um camafeu. Uma mulher de cabelos cinzentos estava ali ajoelhada, aos pés da estátua e – Octávia o sabia – chorava seu filho único.

Com um surdo gemido, a jovem mulher se jogou

para trás e... reabriu os olhos; mas no mesmo instante soltou um grito: Flávius, isto é, Alfredo se inclinava sobre ela, pálido e inquieto.

— Minha bem-amada, que acontece? Pensei morrer de inquietação durante todo o caminho — disse o jovem homem com ternura.

— Eu... não me lembro, balbuciou Edith.

— Que acaso a conduziu ao ateliê? A camareira que a procurava por toda parte a encontrou ali sem consciência, estendida sobre o assoalho; chamou o médico e me telegrafou, mas como você delirava, voltando a si, e parecia excitada de maneira extrema, deram-lhe um narcótico e você dormiu até este momento. Já faz bem uma hora que vigio seu sono. Mas, me diga, que é esse anel? — acrescentou o escultor designando a joia antiga em seu dedo.

— Ah! Agora me lembro — respondeu Edith — enquanto um estranho sentimento de inimizade se levantava nela contra seu marido. Após a sua saída eu me aborreci e desci ao ateliê para examinar a urna que lhe enviaram; depois, o desejo me tomou de ver o interior do vaso; pus a mão ali e, crendo pegar um pequeno osso, retirei este anel. Eu já estava com dor de cabeça e, sem dúvida, desmaiei. Lembro-me vagamente de um pesadelo, mas nada nítido — terminou Edith, tornando a fechar os olhos.

Ela não pôde dizer a razão pela qual escondia a estranha visão que tinha tido, pois uma invencível repugnância lhe fechava a boca.

Ao fim de alguns dias, Edith se sentiu plenamente restabelecida. Mas a harmonia afetuosa que havia reinado entre ela e seu marido deu lugar a relações frias e tensas; uma surda aversão a invadia por vezes à vista de Alfredo; um áspero rancor a tomava a ponto de querer lhe fugir ou feri-lo com sua indiferença; e, se cheia de remorsos ela se reaproximava, acabava por reprovar sua própria conduta; queria se jogar ao pescoço do marido para lhe confessar tudo e lhe pedir perdão, mas uma força superior à sua vontade a impedia de seguir esse bom impulso.

O jovem escultor sofria nesse surdo combate que não compreendia; sentia que sua esposa lhe escondia alguma coisa que datava do dia de seu misterioso desmaio. Mas que teria acontecido? Ele se perdia em conjecturas. Sob o império dessas tristes preocupações, ele resolveu começar algum trabalho bem grande, um trabalho sério, certamente a melhor distração.

Uma tarde, Edith se retirou a seus aposentos sob pretexto de forte enxaqueca – agora ela sofria desse achaque amiudamente. Alfredo desceu ao ateliê e, apoiado nos cotovelos sobre sua mesa de trabalho, pôs-se a examinar uma série de esboços, entre os quais queria encontrar o que mais lhe agradasse e, então, começaria a esculpir; mas seu pensamento estava alhures, e um peso de chumbo oprimia suas têmporas. O jovem homem tentou sacudir essa fraqueza; pegou uma folha em branco, um lápis e desejou esboçar um novo desenho, quando, de repente, sentiu uma comoção em sua espádua; uma corrente de calor percorreu seu braço e, no mesmo instante, uma mancha fosforescente apareceu sobre o papel. Como fascinado, Alfredo fixou aquele ponto luminoso que, cada vez mais brilhante, parecia lançar raios elétricos que feriam seus membros, entorpecendo-os completamente, à exceção da mão armada do lápis. Ele concentrou toda sua atenção absorvida pelo maravilhoso espetáculo: o ponto luminoso se estendia, formando um desenho cujas linhas fosfóricas representavam a forma de um homem de pé, vestindo uma toga; a cabeça coroada de cachos espessos era soberba; a queda da fazenda formava dobras harmoniosas. Com rapidez vertiginosa, o lápis de Alfredo começou a correr sobre esse estranho desenho, e, quando passou sobre a última prega da toga, o jovem sentiu uma tal fadiga que o lápis lhe escapou da mão, sua cabeça sucumbiu no espaldar da cadeira e seus olhos se fecharam.

Apenas um minuto havia passado quando ele acordou. "Que está acontecendo? Por que adormeci aqui e que sonho estranho me tomou?", falou bocejando e se apoiando sobre os cotovelos. Mas foi aí que seus olhos se arregalaram de espanto, fixando-se no desenho, cujas linhas ousadas se destacavam vigorosamente do fundo branco do papel.

"Que coisa endiabrada! A estátua que vi em sonho desenhada aqui, e muito bem desenhada por sinal! Se eu faço isso dormindo, sou mais artista de olhos fechados que de olhos abertos!", resmungou Alfredo, examinando a folha. "Que dobras admiráveis e que cabeça linda!... Mas é a cabeça do camafeu... do Valérius desconhecido, do qual Aubray-Brune me enviou as cinzas e a urna funerária!"

Abanando a cabeça e absorvido pela estranha aventura, o jovem deixou o ateliê. Mas desde esse dia pensou em esculpir uma estátua segundo o modelo tão misteriosamente obtido. A ideia o perseguiu dia e noite, obsedando-o com tal persistência que ele abandonou todos os planos precedentes e, uma manhã, pôs-se resolutamente à obra.

Como atraída por um ímã invisível, Edith reapareceu no ateliê do marido, passando horas a vê-lo trabalhar, mas a inquietude, a agitação febril que antes atormentava a jovem mulher, pareciam ter sido transferidas a Alfredo. Ele se dava ao trabalho com tal ardor, que se esquecia de beber ou de comer; empalidecia e emagrecia a olhos vistos, e Edith, que cada vez mais frequentemente se sentava no ateliê, tomada de sua antiga afeição pelo marido, fixava-o por vezes com tristeza e ansiedade.

A obra avançava rapidamente. Do informe bloco de mármore se desenhava já a esbelta figura do jovem romano; a cabeça, admirável de vida, de expressão, estava terminada; Alfredo trabalhava nos panos e nas dobras, quando um telegrama veio advertir Edith que seu pai, gravemente enfermo, a queria perto dele. Ela partiu naquela mesma tarde, tendo acertado com o marido que este iria procurá-la assim que o doente se sentisse melhor.

Essa ausência, presumida por alguns dias, prolongou-se nada menos que seis semanas. Já era dezembro e, pela véspera do Natal, Edith desejaria voltar para casa; Alfredo não podia, por diversas razões, passar as festas em casa do sogro.

Na manhã do dia 22, o jovem escultor trabalhava no ateliê com mais ardor ainda que de costume, pois, à tarde, partiria para estar com sua mulher e queria antes terminar a parte da toga que recobria o peito da escultura. Alfredo estava positivamente enamorado de seu trabalho; parecia-lhe que a estátua era sua obra-prima. Nunca antes teria feito coisa melhor na execução e no acabamento; e, no entanto, o belo rosto do desconhecido Valérius lhe inspirava, por instantes, uma aversão tão grande que chegava até ao ódio.

Estava todo absorto pelo trabalho quando, subitamente, sentiu no braço direito um choque violento: o cinzel desviou, fazendo saltar uma grande lasca do mármore. No mesmo instante, sentiu uma dor aguda na mão; um jato de sangue esguichou de sua palma, enchendo a reentrância que acabava de produzir na peça o desvio do instrumento, salpicando de manchas rubras a toga e o braço da estátua. Alfredo ficou petrificado de espanto e de dor, pensando que o cinzel tinha lhe transpassado a mão. Mas um verdadeiro assombro inundou sua fronte de suor gelado quando viu os olhos de mármore se iluminarem, tornarem-se vivos e dardejarem sobre ele um olhar de ódio implacável; a cabeça de Alfredo rodou e, com um grito surdo, ele perdeu os sentidos.

Quando abriu os olhos, estava deitado, a mão bandada; o médico da família o velava, sentado à cabeceira do leito, declarando que ele tinha um sério ferimento na mão.

— Mas que falta de perícia a sua atravessando completamente a mão com um velho punhal! Isso é para mim incompreensível, acrescentou o ancião.

— Não foi um punhal, mas meu cinzel que me machucou; ele saltou do mármore e, sem dúvida, voltou com a forma do choque.

– Que está me dizendo? Eu mesmo retirei da ferida a arma antiga que estou lhe mostrando, a qual deveria estar em sua mão – respondeu o médico, tomando de sobre a mesa um objeto que mostrou a Alfredo.

Duvidando do testemunho de seus sentidos, o jovem homem examinou um fino estilete com a ponta ligeiramente recurva e o cabo de ágata incrustado, cuja procedência antiga não poderia ser posta em dúvida; na lâmina ainda úmida de sangue fresco apareciam em alguns lugares manchas escuras semelhantes às de ferrugem.

– Com o risco de passar pela sua opinião de que estou louco, eu juro que estou vendo essa arma pela primeira vez em minha vida – disse Alfredo com emoção. – Não posso explicar o fato compreensivelmente, cuja prova palpável está aqui entre nossas mãos; mas me deixe, doutor, contar-lhe o que aconteceu.

E relatou com detalhes a estranha maneira pela qual tinha obtido o desenho que o havia arrastado a esculpir a estátua do romano; a inquietude febril que o atormentava já há mais de um mês e, enfim, o choque inexplicável que fez desviar seu cinzel, bem como a estranha visão dos olhos vivos e odientos no rosto de mármore.

Impressionado, apesar de sua incredulidade, o velho médico escutou; ele também não encontrava nenhuma explicação para os fenômenos cuja evidência o forçava a admitir a realidade, ao menos em parte. Mas se escudando, segundo o mundo moderno, declarou que tudo aquilo procedia de uma superexcitação de nervos, produzida por um excesso de trabalho. E, para impedir o retorno dessas perigosas alucinações, prescreveu calmantes e repouso absoluto.

Prevenida por um telegrama do médico, Edith chegou na manhã seguinte e, sabedora dos detalhes do acidente, um inexplicável sentimento de angústia e de cólera fechou seu coração. Alfredo, que tinha compreendido o quanto sua esposa estava emocionada, aproveitou o momento em que estavam os dois a sós para lhe dizer:

– Eu quero, Edith, contar alguns detalhes que não pude lhe dar diante dos outros...

E repetiu a narrativa que fez ao médico.

Pálida e trêmula, a jovem se apoiou no espaldar de sua poltrona; esses fatos, que coincidiam tão estranhamente com o que ela havia vivido na véspera de Natal do ano precedente, confirmavam a suspeita de que um ódio oculto mas implacável planava sobre seu marido, surgindo entre o casal como uma barreira invisível, ameaçando, talvez, a vida dos dois.

– Edith – disse Alfredo com ternura – eu vejo

por sua palidez que minhas palavras reavivaram em você a lembrança de alguma coisa que sempre me escondeu e que se passou em 24 de dezembro último. Você mudou desde seu desmaio no ateliê, lugar onde parece se encontrar uma força nefasta e desconhecida. Seja franca, minha bem-amada, e talvez consigamos encontrar a chave do enigma.

– Sim, Alfredo, quero lhe contar tudo – respondeu ela.

Abraçando seu marido com impetuosidade e, com voz entrecortada, a jovem relatou a visão que havia tido, e o sonho estranho em que lhe foi mostrado o incêndio de Roma, assim como o assassínio do patrício Valérius por Flávius, o escultor.

– Os espiritualistas pretendem que nós vivamos mais de uma vez; e se nós dois duvidamos dessa assertiva, agora temos certeza, depois do que passamos. Essa urna que, depois de dois mil anos vem nos reencontrar com as cinzas que ela contém intactas, está indubitavelmente ligada a nós dois por um passado criminoso. Desde que esse vaso fatídico entrou em casa, alguma coisa invisível permaneceu entre nós, semeando o frio e a inimizade – exclamou Edith, trêmula e agitada. – Por qual força misteriosa da natureza se operaram esses fenômenos, eu ignoro, mas sei que as cinzas desse Valérius animaram esse fantasma que, não achando repouso na morte, persegue-nos. Jogue essa urna fora, Alfredo, ou a dê a algum museu, mas que ela saia de nossa casa.

Pálido e emocionado, o escultor ouviu atento.

– Tem razão, tudo isso é esquisito, misterioso, até lúgubre... Que sabemos sobre o passado e o futuro? Nada. De onde viemos? Aonde vamos? Não se sabe. Mas essa urna é verdadeiramente nefasta para nós dois e amanhã, quando vier o doutor, vou lhe rogar que a leve ao museu de nossa cidade.

Edith suspirou aliviada, mas nesse momento sentiu uma corrente de ar glacial, e, sacudida por um arrepio, procurou ver de onde vinha esse vento.

– Que frio! E a janela está fechada!

Muito séria e inquieta, Edith retomou seu lugar à cabeceira do doente. Durante a noite seu estado piorou e ele delirou com febre alta. Durante o dia seguinte ela ficou absorvida com os cuidados a dar a seu marido, esquecendo de pedir ao doutor para levar a urna.

Veio a noite. Alfredo dormia um sono pesado e febril; o coração opresso de Edith velava em sua cabeceira, visualizando o ano decorrido. "Meu Deus!", murmurou ela, "na véspera do Natal passado eu estava furiosa porque Alfredo havia ido visitar seu pobre e velho instrutor que estava morrendo e, por punição a mim, é ele hoje que está doente, ferido... Por minha falta de coração a árvore do Cristo não vai se iluminar debaixo do meu teto..." Algumas lágrimas correram em seu rosto, e fechando os olhos, ela recostou a cabeça no espaldar da poltrona. Uma fadiga exagerada pesava nela toda.

Um ruído de passos a fez estremecer e, na soleira do quarto, ela percebeu distintamente a alta figura do romano que lhe fazia um sinal com a mão para que o seguisse. Paralisada de pavor, ficou chumbada na poltrona. Em compensação, viu Alfredo se sentar na cama, o rosto febril, os olhos desvairados; depois, com um novo sinal do romano, viu-o descer da cama, jogar-se sobre Valérius e lutar corpo a corpo. Vendo-o rolar pelo chão, Edith soltou um grito e fechou os olhos.

– Estou sonhando! – murmurou ela, mas no mesmo instante saltou da poltrona: o leito estava vazio e as cobertas no chão.

Sob o império do sonho que acabava de ter, a jovem não duvidou que a sombra maldita, surgida do abismo do passado, estava de novo em ação; mas para onde tinha ela arrastado Alfredo? Ele estava muito febril e tinha deixado a cama?! Com a mão trêmula Edith acendeu uma vela e procurou o marido; não o encontrou nem nos quartos contíguos, nem no seu escritório, e, com o coração fechado por triste pressentimento, ela desceu a escada correndo, entrando no ateliê. Logo ao primeiro olhar pela sala, ela parou, de pernas trêmulas e se encostou à parede: percebeu Alfredo enlaçado à estátua, parecendo lutar com ela. O peito do doente resfolegava; sua respiração entrecortada e ruidosa denotava o esforço de uma luta acima de suas forças.

Súbito, o olhar aflito de Edith encontrou a urna pousada sobre o console, destacando-se como uma mancha fosforescente de sombra que afogava aquela parte do apartamento. Bem em cima do vaso vacilava uma grande chama azulada cuja luz brincava caprichosamente sobre o ouro brilhante da rede e do camafeu que ela enquadrava.

Um misto de pavor e ódio surgiu na alma de Edith contra o romano cujas cinzas retomavam vida para os perseguir, e, tomada por súbita ideia, ela se precipitou sobre o console, levantou a urna com as duas mãos, e num esforço desesperado, jogou-a ao chão.

O barulho do vaso que se quebrava foi coberto por um fragor semelhante ao trovão. Um duplo grito se ouviu e, atingida na cabeça como por um golpe de massa, Edith desmaiou, com a sensação de que rolava para dentro de um enorme buraco.

A criadagem assustada acreditou se tratar de um desmoronamento, e todos correram ao ateliê. Ali encontraram o casal caído, ambos estendidos no chão inconscientes. Ao derredor, os cacos da urna e os escombros da estátua quebrada que havia saltado de seu pedestal e, ao cair, tinha atingido Edith na cabeça ocasionando-lhe um profundo corte. Quanto a Alfredo, quando quiseram levantá-lo, constatou-se que seu braço direito fora quebrado, estando sob um grande bloco da estátua.

Os dois foram retirados do ateliê desmaiados, e somente depois de longas semanas de sofrimento, a natureza jovem de ambos triunfou ao mal teimoso que os pusera a um passo da morte.

Mas uma triste circunstância devia lhes lembrar pelo resto da vida o terrível e misterioso acidente: o braço de Alfredo ficou rígido e fraco; nunca mais sua mão trêmula poderia manejar o cinzel de escultor.

A alma vingativa de Valérius paralisara o braço vingador que outrora o havia tirado de uma vida de riquezas e prazeres.

Os jovens esposos venderam o pequeno palácio que lhes passou a ser odioso, e, tendo adquirido no sul da Alemanha uma propriedade, ali se estabeleceram; nunca, contudo, puderam esquecer as duas trágicas vigílias de Natal, durante as quais veio atingi-los uma estranha e misteriosa Nêmesis.

O Amor
Conto filosófico

Uma alma humana chamada Psique se preparava para deixar o Céu e descer à Terra, para se revestir da pesada veste da matéria. Como era mulher, era curiosa; então, antes de abandonar a Pátria Celeste, resolveu visitá-la, ver tudo, experimentar tudo, e, principalmente, conhecer a verdadeira natureza do amor, pois sobre a Terra todos devem experimentá-lo para adquirir a felicidade. É sabido que o amor dá mais dor que alegria, e ela desejava levar a seus irmãos a compreensão do sentido verdadeiro desse estranho e traiçoeiro sentimento.

Ela se pôs a caminho, percorrendo em todas as direções as alas risonhas do Paraíso, embalsamadas, bordadas de flores. Um templo imenso, de arquitetura aérea e original, foi o que lhe atraiu primeiramente a atenção: "Aqui é o Templo das Artes. Entre. Mulheres também são admitidas", explicou-lhe um pequeno querubim, respondendo à sua interrogação muda; ele estava sentado à soleira e brincava com as flores.

Curiosamente Psique penetrou no vasto edifício, iluminado por radiosa luz; os gênios, vestidos de branco, ocupavam-se em todos os trabalhos que se nomeie por Arte.

– Aproxime-se, filha da Terra – disseram eles, saudando-a com sorrisos. – A mulher, assim como o homem, está apta a compreender a arte perfeita e a se revestir com a estrela do gênio.

E eles a fizeram admirar a beleza perfeita, sob todas as formas, e, embriagada com tanta perfeição, consternada por deixar tudo aquilo para descer à Terra, tão imperfeita, Psique se pôs a contar seus pesares em um eflúvio harmonioso, assim como suas alegrias e todas as dores terrestres, toda a nostalgia de sua alma que aspirava às felicidades do Céu. Depois, tomou de um pincel e tentou traçar no éter uma imagem de beleza perfeita. A Pintura, observando-a, sorriu e coloriu sua obra com raios do prisma solar, animando-a de radiosa vitalidade. Depois, os Gênios da Poesia e da Pintura beijaram Psique e sobre sua testa brilhou uma estrela.

Saindo do Templo das Artes, Psique se dirigiu a uma vasta clareira bordada de árvores gigantescas: lá, ela viu seis pequenos templos que se elevavam, três de um lado e três de outro; todos eram ornados de emblemas e sua brancura de neve era nítida sobre o fundo escuro de espessa verdura que os cercava. No centro desses templos, ocupando o fundo, elevava-se um edifício de aparência singular, maior que os demais, parecendo feito de ouro e pedras preciosas tais os faiscantes raios que fulguravam em sua fachada, aclarando os arredores como um sol. Mas o fundo da construção era sombrio, parecia se perder numa bruma longínqua.

– Eis a morada das Sete Virtudes – explicou um geniozinho que acompanhava Psique. Lá, à direita, reside a Justiça; vá visitá-la primeiro.

Com embaraço respeitoso, Psique franqueou a soleira e se inclinou profundamente diante de uma mulher de severa e rígida beleza, sentada sobre cadeira de pedra. Seu olhar transpassava como uma chama e sua veste cintilava como um raio de luz.

– Aproxime-se, filha da Terra – disse ela em voz metálica, pousando a mão sobre a cabeça respeitosamente inclinada de Psique. – Eu encho seu cérebro com meu sopro, para que você julgue seu próximo com justiça; mas para usufruir do dom que prodigalizo, sem que a cólera a arraste e as paixões a ceguem, vá rogar às minhas irmãs para que elas a armem com as virtudes que possuem.

No templo contíguo, Psique encontrou a Paciência,

ser suave, olhar melancólico, que afetuosamente a atraiu a seus braços.

– Venha, minha filha, darei têmpera a todo o seu ser com meu eflúvio; você é mulher, então, mais que os outros, terá necessidade de mim a cada passo que dê na vida. Paciência é a divisa da mulher.

Ao lado da Paciência morava a Vontade.

Seu rosto pálido era rígido, seus lábios finos fortemente cerrados, e o mirar de seus grandes olhos escuros era inflexível e imutável como o destino; uma túnica com reflexos de aço a envolvia.

– Todos os dons são estéreis se não há a vontade de os pôr em prática – disse ela com voz forte. – Então aprenda a querer, filha da Terra, mas somente a querer o bem.

Levantou a mão, e um clarão atravessou o cérebro de Psique como um raio.

Estranhamente reconfortada, ela saiu, atravessou a clareira e penetrou no primeiro dos três templos que havia do outro lado. Doce e vivificante luz ali brilhava e, na soleira, uma jovem mulher a recebeu com ar tão carinhoso, tão doce, que Psique se sentiu invencivelmente atraída por ela; em seu peito se via um coração chamejante, vermelho sangrento, que palpitava como se fosse vivo.

Ela cobriu Psique com um tecido de seu agasalho, que brilhava com reflexos róseos e dourados, dizendo-lhe:

– Sou a Caridade e doo a você a compaixão e o desejo de ajudar. Cubra com um impulso do coração todo ser que veja sofrer, como eu a cubro com meu manto.

Em seguida, a Caridade tomou a mão de Psique e a conduziu até o templo contíguo:

– Eu mesma a apresentarei a meus irmãos, a Abnegação e o Perdão. Somos inseparáveis, e quem recebe em seu coração um de nós, deve acolher também os outros dois.

Um pálido crepúsculo enchia a casa da Abnegação, ser frágil, com contornos imprecisos e vaporosos, que flutuava, parecia, por cima do solo, sustentada por grandes asas prateadas; sua túnica ampla e acinzentada se fundia com a atmosfera; seus grandes olhos, azuis como a flor de linho, eram insondáveis como o oceano em repouso.

– Pareço impalpável e sem consistência, como a nuvem que a lufada de ar dissipa, mas meu ser é mais resistente que o granito – disse ela com voz harmoniosa e velada. – Minhas asas, mais flexíveis que o sopro, entretanto mais duras que o aço, levam-me sobre os abismos; equilibro-me sobre os maiores obstáculos, com minha aparente flexibilidade; sou mais poderosa que todos os meus irmãos, que podem enfraquecer e cair, feridos com as asperezas do caminho, repelidos pela ingratidão dos humanos. Eu passo sem ver essas vicissitudes, porque posso beber a mais bela e a mais embriagadora das bebidas do céu – o esquecimento de si mesmo!

Ela estendeu à visitante uma pequena ânfora azul, transparente como cristal, e, quando Psique acabou de tomar um gole do seu conteúdo, sentiu-se leve e forte como não havia jamais experimentado. Coração cheio de fé e entusiasmo, penetrou a casa do Perdão, cuja alta e majestática figura, olhar enérgico e profundo, lembrou-lhe a Vontade.

– Aprenda, filha da Terra, que sou o resumo de todas as Virtudes que você acaba de visitar; quando se compreendeu e sondou na verdadeira essência a Justiça e a Paciência, a Abnegação e a Caridade, perdoa-se a fraqueza e o erro dos homens. Tudo compreender é tudo perdoar. Então exerça, filha da Terra, o perdão sob todas as suas formas; penetre na compreensão de meu ser. Sou o bálsamo das feridas da alma: o ódio, a injustiça, a crueldade. Derrubo a meus pés os sete pecados capitais; eles rastejam diante de mim, rugem de impotência, amordaçados em suas paixões venenosas das quais eu zombo. Perdoe e você será forte; as feridas que lhe façam os homens não sangrarão, e você tornará pela metade o peso de sua cruz. Perdoe, creia, espere e subirá seguramente no caminho estreito e íngreme da perfeição.

Comovida e quase trêmula, Psique se encontrou, enfim, diante de um estranho e misterioso edifício que ocupava o fundo da clareira e ali encontrou reunidas as virtudes e os Gênios das Artes que ela acabara de visitar. Constatou que, em lugar de uma porta, era uma cortina que vedava a entrada, dissimulando-a. Mas ela jamais havia visto semelhante tecido: ele vibrava e ondulava, parecendo tanto ser luz brilhante quanto sombras compactas. E a cada ondulação da cortina, a um só tempo pesada e transparente, emanava perfume delicioso que se metamorfoseava em seguida em um aroma ácido e atordoante.

Mais disparatado era o ruído que havia no interior: por instantes, música verdadeiramente celestial, um canto de esferas superiores se fazia ouvir, logo mudando para um zumbido tempestuoso de sons discordantes, lancinantes, semelhantes a gemidos de seres submetidos a torturas sobre-humanas, que, em desvario, estivessem sendo arrastados ao suplício.

Embriagada de início pela celeste harmonia, Psique se sentiu atraída por esse lugar misterioso; uma felicidade insensata a invadiu, fazendo-a esquecer o Céu e os dons das Virtudes e dos Gênios; ela se lançou com ímpeto nos degraus, mas subitamente parou e recuou apavorada: gritos de agonia e de sofrimento chegavam dali...

– Que significa isso? – balbuciou ela.

– É aqui que reside o Amor, e é em seu templo que ressoam os hinos de felicidade e os tumultos deste caos discordante – responderam as virtudes e os gênios. – Não transpasse essa soleira, Psique; aquele que reside aí não será para você um amigo e um protetor, mas um adversário implacável. Nós a armamos, enfeitamos e sustentamos, mas esse ser lutará contra você e a condenará ao sofrimento sem medida se, imprudentemente você provar a beberagem envenenada que sua taça contém. Uma vez que lhe sinta o gosto, o veneno encherá todo o seu ser e você não quererá viver sem ele. Está escutando os gritos? Essas são as vítimas, pois estão nas chamas, sobre os altares, consumindo-se; não são perfumes, mas corações humanos palpitantes e dilacerados.

Psique escutou, tremendo, atraída e repelida por esse mistério duplo; mas nesse momento soou de novo o canto divino, e o sentimento embriagador de felicidade a invadiu, fazendo-a esquecer tudo. Como enlevada por uma onda abrasadora, ela subiu os degraus, afastou o véu que mascarava a entrada e, num só impulso, saltou e se encontrou diante do altar, onde se sentava no trono o Autocrata.

Sorridente e seguro do triunfo, o Amor se aprumou diante de seu olhar deslumbrado; seu corpo era como afogado em raios purpúreos do sol nascente; sobre sua fronte, um gigantesco feixe de raios formava um diadema; cachos dourados a cercavam, delicada como uma auréola, que nenhuma ruga desfigurava, que nenhum cuidado obscurecia.

Radioso sorriso errava nos lábios purpurinos desse rei da hora presente; por sua causa não subsistem nem as dúvidas do passado, nem as dores e decepções do futuro – ele só admite a felicidade do presente. Estendendo à Psique uma taça cheia dum líquido avermelhado, ele mergulhou em seus olhos o olhar poderoso ao qual nem um ser vivente resiste e disse em voz harmoniosa e sonora:

– Pequena alma humana, espera em vão esconder seu coração, roubá-lo ao meu altar. Uma vez aqui, aos meus pés, está perdida; nem as dúvidas, nem as agonias, nem as dores a desanimarão; seus lábios sempre sedentos procurarão sem descansar a taça que contém todas as delícias do Céu para aquele que pode ali estancar sua sede. Sou a incorporação do mais possante motor do Universo; do átomo ao arcanjo, tudo se prosterna diante de mim; sobre meu altar é veiculada a própria essência dos corações, os mais puros como os mais abjetos. Sou o sentido verdadeiro da vida, mas dou a felicidade somente aos que compreendem a verdadeira essência de meu ser. Saiba bem isso: sou o Céu e o Inferno. Eis minha taça – beba, se tem coragem!

Psique hesitava, tremendo; sentia-se impotente para resistir; tudo nela era arrastado para o grande mistério traçado sobre a fronte do Amor e a compreensão que lhe faltava, apesar de todos os dons que a haviam dotado. Para seu espírito não havia passado e futuro – estavam apagados; invadida e escravizada pela sensação do presente, com mão trêmula, pegou a taça, essa taça sempre cheia por alguém, por aqueles que querem compreender, apoderar-se da solução do mistério, e a esvaziou. Por curto momento, sentiu-se enlevada, sobre as asas do êxtase, numa felicidade sem limites; depois, à medida que esse estado se enfraquecia, seu coração se enchia de todas as dúvidas, de todas as amarguras, de toda essa sede inextinguível com que o Amor faz pagar por esse curto momento de felicidade.

Com uma dolorosa súplica, ela estendeu suas mãos à embriagadora bebida, tentando se desalterar, mas a taça estava vazia para ela e não mais se enchia. Psique morria de sede e se torcia de dor e angústia, fixando o Amor, que, vitorioso, impassível, estava diante dela.

Mas, subitamente, ela viu o Deus Autocrata sofrer estranha metamorfose: seus traços, que respiravam orgulho e triunfo, tornaram-se harmoniosos e calmos; as cores brilhantes que tornavam difícil a seus olhos suportar, fundiram-se em tons de doçura infinita; um vapor violeta o envolveu como uma nuvem, escondendo-o aos olhos de Psique, deixando apenas visível sua mão elevada, sustentando o cálice de ouro. Do fundo da taça vazia, elevou-se, então, um radioso e pequenino ser, com membros róseos e frágeis, com a cabecinha de cabelos encaracolados, olhos azuis como pervinca[1]. Com um sorriso celeste, estendeu a Psique seus bracinhos roliços e com voz tímida murmurou: "Acolha-me, me ame, me ensine as virtudes com as quais é dotada, faça de mim um ser útil, digno do nome de 'Homem', que compreende as palavras 'amor e dever' em seu verdadeiro sentido."

    Esquecendo sua sede, esquecendo que por ele a taça ficou vazia de seu conteúdo embriagador, Psique pegou o menino e o apertou contra o coração. De novo a corrente quente e vivificante percorreu todo o seu ser, e uma paz solene e profunda encheu seu coração atormentado. Todo o seu rancor desapareceu; o Amor não lhe tinha pagado seus sofrimentos por esse dom inestimável? Tinha ela em seus braços uma alma humana que lhe fora confiada para que a conduzisse até o fim

---
[1] Pervinca: Designação comum a duas plantas da família das Apocináceas. N.T.

luminoso da perfeição. Essa missão sublime ela aspirou perfazer dignamente e, sob o impulso desse novo e poderoso sentimento, sentiu crescerem-lhe asas e uma força sobre-humana encheu seus membros, para proteger o ser confiado a seu amor, para carregá-lo e defendê-lo através de todos os obstáculos e perigos da vida.

O Amor também tinha reaparecido, mas harmonioso e velado, e como Psique contemplava sem amargura o copo vazio que ele sustentava, ela o viu se tornar maior, com a brancura da neve. Uma guirlanda de açucenas agora ornava sua fronte, conservando o véu rosado com reflexos de ouro que o cercavam como um manto imenso, abrigando a seus pés uma multidão de diversos seres, desde o inseto até o homem, uns sadios, outros estropiados ou doentes. Todos se apertavam contra ele, procurando o calor e a luz que a admirável aparição exalava.

Com espanto, Psique viu que ele também trazia um manto imenso e quente, e que uma parte dos seres que se agrupavam aos pés do Amor se refugiavam perto dele. Um sentimento indizível de afeição e de pena encheu seu coração por esses espíritos, que, em todos os degraus da escada, desde o animal até o homem, subiam penosamente o caminho das provas. Ela se inclinou, abraçando a todos, enquanto lágrimas de piedade caíam de seus olhos, lágrimas quentes como fogo e brilhantes como diamantes.

Então o Amor estendeu sua taça, recolheu as lágrimas e disse:

– Agora você compreendeu o sentido secreto de meu ser. O amor embriagador dos sentidos é passageiro e mesclado de amargura; o amor maternal lhe deu asas; o amor humanitário lhe arrancou lágrimas que em minha taça se incendeiam. Veja! Elas fervem com a chama imortal que aquece, mas não consome. Todos os dons que as Virtudes e os Gênios lhe deram quedavam como forças mortas e estéreis enquanto não os tinha vivificado o fogo do amor verdadeiro. Agora vá à Terra, alma humana, praticar a justiça e a caridade, a abnegação e o perdão, animando-os de amor sob todas as suas formas. Vá à Terra cantar-me nas artes e nas virtudes, ensinando aos homens a conhecer e a praticar meu sentido secreto, e os pouparei da amargura que está no fundo de minha taça.

Silenciosa e introspectiva, Psique deixou o templo onde havia aprendido todos os mistérios da Vida; com uma das mãos ela pressionava contra si a criança; com a outra ela trazia a taça na qual queimava uma chama brilhante de Amor Humanitário, aclarando o seu caminho.

Logo se reencontrou diante das Virtudes e dos Gênios que a esperavam. Entre eles, pequenos anjos sustentavam um vasto espelho feito de éter transparente; a imagem da Psique ali se refletia e, com espanto, ela viu seus cabelos, que dantes pretos, haviam-se tornado brancos como a neve, e uma coroa de espinhos sangrentos cingia sua fronte como uma auréola purpurina.

– Que significa isso? – balbuciou ela.

– Isso significa o triunfo de uma alma sábia que suportou valentemente uma prova terrestre, com suas grandes misérias e seus sublimes devotamentos e que reentra agora na Pátria Celeste enfeitada duma velhice honrosa e coroada pela Coroa dos Magos, onde cada joia é uma vitória sobre si mesma – responderam os habitantes do Céu. E apresentando a Psique uma palma, eles acrescentaram:

– Tome este símbolo de vitória e vá ensinar a todos os seus irmãos terrestres o sentido místico do Amor Verdadeiro, que todos os homens procuram mas não podem achar, porque eles querem somente beber a taça que embriaga; e passam, cegos, ao lado do Grande Motivo, que é a base do Universo e o Guia Luminoso nas provas de nosso espírito.

O Cavaleiro de Ferro
Lenda

Num caramanchão formado de rosas, acácias e palmas floridas, um jovem casal se sentava em um banco de mármore. O belo homem, elegante, declamava inflamado os versos contidos num pergaminho que ele havia desenrolado. A mulher sentada a seu lado era de uma beleza incomum; seu vestido de brocado azul aderente ao busto desenhava formas admiráveis; espessos cabelos anelados de tom ouro-cinzento envolviam como auréola um rosto de traços regulares, clareados por grandes olhos azuis.

Naquele instante ela parecia absorta, e seus dedos delicados arrancavam inconscientemente as pétalas de um ramalhete de flores sobre seus joelhos.

– Com você eu me esqueço de tudo, Gabriela – disse o homem detendo-se e enrolando o pergaminho.

– Poderia adorá-la eternamente, mas é preciso que eu parta de imediato se quiser chegar a tempo à aldeia.

– Mas você voltará logo, Loredano. Aqui estarei contando as horas! – respondeu a mulher, erguendo-se e colocando delicadamente seu braço sob o dele.

Falando de amor, eles se dirigiram através de espessa alameda, na direção da muralha que cercava o jardim. Perto de um portão que se abria para a estrada, alguns homens a cavalo aguardavam, e um servo detinha as rédeas dum soberbo corcel. Loredano montou-o.

– Até a volta, madona mia – exclamou despedindo-se finalmente. – Amanhã, ao anoitecer, estarei de volta.

Gabriela permaneceu de pé, seguindo com o olhar a pequena equipe de cavaleiros que descia a galope a estrada sinuosa que conduzia à planície. Quando uma curva do caminho furtou definitivamente a vista de seu marido, ela se recolheu, empurrou cuidadosamente o ferrolho do portão e retomou apressada o caminho do castelo, vasta construção – metade palácio, metade fortaleza – flanqueada de torres e circundada por altas e espessas paredes.

Como quem se liberta de um enorme peso, a jovem mulher respirou fundamente. Sorridente, olhar reluzente, ela se recolheu a seus aposentos, deu algumas ordens às suas criadas, acariciou uma bela criança de alguns meses que brincava no colo de sua ama, e, a seguir, tomando da mesa um volume encadernado em couro, disse à sua camareira:

— O tempo está maravilhoso. Vou ler no jardim.

Lépida como uma fada, desceu a escada do terraço, mas em vez de se dirigir a algum banco ou caramanchão, caminhou sob várias alamedas escuras que rodeavam o castelo e, abrindo passagem através de arvoredos carregados de flores, deparou-se ao pé duma torre.

Retirando do bolso uma chave, abriu pequena porta, quase oculta nos arbustos, e galgou uma escada em caracol, escura e estreita.

Ao chegar diante duma segunda porta, que entreabriu sem fazer ruído, Gabriela se deteve um instante. Seu coração batia como prestes a se romper, e seus olhos examinavam ansiosamente o interior do apartamento. Era um quarto redondo, forrado de tapeçarias escuras sobre as quais os raios de sol poente lançavam como que filetes de ouro. Sobre a beira da janela aberta estava sentado um homem jovem, vestido de negro. Seu rosto pálido e bem proporcionado era duma beleza admirável e tinha tudo para seduzir uma mulher, mas nos seus grandes olhos escuros, sombrios e profundos como um abismo, pareciam brotar todas as paixões que embaciam a alma humana.

– Ugo! – murmurou Gabriela com a voz alterada. O rapaz atirou-se a ela e apertou-a com arrebatamento contra o peito:

– Finalmente você voltou! Pensei que iria ficar louco aqui! Saber que está sempre com ele, sendo amada da maneira como ele a ama, é um inferno acima das minhas forças.

Ele levou a jovem mulher até uma espaçosa poltrona entalhada, situada junto à janela e ajoelhou a seus pés.

– Sim, Gabriela – prosseguiu ele enlaçando sua cintura –, não posso suportar esta vida por mais tempo e decidi partir amanhã. Odeio Loredano e tenho ciúmes; mas ele despreza o pobre primo sem fortuna e sem proteção para destruí-lo. Um mendigo como Ugo Castellari ousaria ser o rival de Loredano?!...

A essas palavras vibrantes de furor e amargura, a jovem mulher fundiu-se em lágrimas:

– Não fale assim, Ugo. Gostaria de poupá-lo desses sofrimentos, mas como fazê-lo? Que posso eu contra um esposo? Aconselhe-me. Como me desembaraçar dele? Seu amor e suas carícias me são odiosas.

Ela abraçou apaixonadamente o rapaz.

Uma expressão indefinível contraiu o rosto do italiano, e seus olhos reluzentes devoraram a bela criatura abatida em seus braços.

– Acalme-se, Gabriela. Se você cessar finalmente de hesitar e fizer uma escolha entre nós dois, sei de uma maneira de devolver sua liberdade.

– Um assassinato? – murmurou ela, estremecendo.

Ugo sacudiu a cabeça.

– Nada de morte. Nem sua consciência nem a minha serão manchadas do seu sangue.

Puxou um banco, sentou-se e continuou:

– Ouça, pois, minha bem amada, o plano que idealizei para garantir nossa felicidade e livrá-la de remorsos. Ninguém aqui sabe que sou um homem de ciência, para quem a natureza tem poucos segredos. Não foi em vão que vivi dos dez aos vinte e sete anos junto a Fra Gregório, o sombrio alquimista do Convento de Santa-Croce. O órfão que ele recolheu tornou-se seu ajudante, empregado e, finalmente, o herdeiro de sua ciência. Pois bem! Esse saber tão preciosamente adquirido, quero utilizá-lo para nos privar de um crime.

Abriu sua algibeira e retirou dela um pequeno frasco cinzelado que deu à jovem mulher.

– Quando retornará Loredano? – ajuntou ele.

– Amanhã ao entardecer.

– Bem, quando ele estiver deitado e adormecido, faça-o respirar o conteúdo deste frasco. Ele cairá num torpor semelhante à morte e então você deve me chamar e nos deixar a sós. Mas eu juro a você, por Nossa Senhora, que de forma alguma o matarei. Alguém poderá até fazê-lo reviver, desde que você o queira. Ele somente desaparecerá e não fará mais obstáculo à nossa felicidade.

Gabriela, escutando atenta a exposição desse plano estranho, apaziguou-se e seu rosto se tornou completamente tranquilo.

– Oh! de minha parte jamais desejarei reviver Loredano! Que nossos descendentes o despertem de seu sono encantado – acrescentou ela, sorridente. – Mas, Ugo, onde ocultaremos o corpo para que permaneça escondido, se não o sepultarmos?

– Já pensei nisso. Diga-me, Gabriela, pode-se chegar, sem ser visto, à sala de armas?

– Sim, através de uma passagem secreta que se abre ao fundo da sala na grande lareira.

– Não poderia ser melhor. Por esse caminho levarei Loredano à sala de armas e o ocultarei na armadura de seu avô Galeazzo, que morreu tão misteriosamente, levado pelo diabo, segundo dizem. Ele mesmo me contou que nunca o molestam ali, onde ninguém irá procurá-lo e ele terá tempo de aguardar sua ressurreição!

Ambos riem, muito divertidos e selam com beijos apaixonados o pacto odioso que acabam de concluir.

Anoitecera. Tudo dormia no castelo, nenhum ruído perturbava o profundo silêncio. No dormitório do jovem castelão, parecia que se repousava igualmente; a luz duma lamparina aclarava tenuemente os móveis entalhados e um largo leito com um brasão, cercado de tapetes de veludo.

Nesse instante, o raio luminoso aclarou uma cabeleira loura que se ergueu do travesseiro e se inclinou com precaução sobre o castelão profundamente adormecido. A seguir, uma pequena mão apareceu empunhando um frasco cinzelado que ela colocou todo aberto sob o nariz do adormecido. Este respirou ruidosamente, depois soltou um profundo suspiro.

A jovem mulher estremeceu e inclinou-se de volta ao travesseiro; mas ao fim de um instante, tranquilizada pela imobilidade do marido, aproximou uma segunda vez o frasco de suas narinas. A seguir, deslizando para fora do leito, vestiu uma larga veste noturna e dirigiu-se rápida como uma sombra a um dos cantos do dormitório. Com a mão trêmula soltou uma alavanca oculta ao revestimento de madeira. Um painel secreto se abriu e descobriu um pequeno corredor que conduzia a uma escada espiralada.

Ali, acostado à muralha, encontrava-se Ugo, pálido e inquieto. Uma vela de cera brilhava num castiçal de prata colocado sobre o último degrau da escada.

Ao avistar a aparição de branco, ele estremeceu:

– Foi feito? – disse ele.

Gabriela inclinou a cabeça, sem responder; seus dentes batiam e sua garganta estava cerrada como num torno. Ugo apanhou o castiçal e, aproximando-se rapidamente do leito, iluminou o rosto pálido de Loredano, estendido como morto, os olhos totalmente abertos:

– Excelente – exclamou ele com satisfação. Deixe-nos, Gabriela.

A jovem mulher permaneceu imóvel ao pé do leito. Todo o seu corpo tremia, inclusive os pés que se recusavam a obedecer a ela. Então Ugo a pegou em seus braços, levou-a a um quarto contíguo, onde a colocou numa poltrona, persuadindo-a a ter coragem e a esperá-lo ali.

Uma hora mais tarde ele a chamou; o jovem conde, vestido com as roupas da véspera, estava colocado sobre uma cadeira. Ugo carregou-o nas costas, ordenando à jovem mulher, refeita de sua primeira emoção, a apanhar o castiçal e iluminar o caminho.

Silenciosamente eles galgaram os degraus da escada, atravessaram um estreito corredor e se detiveram diante de um paredão aparentemente sem saída. Gabriela então abriu uma pequena porta oculta: penetraram numa sala comprida, arqueada, iluminada por altas e estreitas janelas góticas.

Ao redor, sobre pedestais, encontravam-se armaduras completas – todas pertencentes aos membros ilustres da família – amassadas nas muitas batalhas. A lua cheia aclarava a sala; seus raios argênteos espargiam-se de maneira fantástica sobre os homens de ferro, imóveis, e sobre o conjunto de armas de todo tipo que ornamentavam as paredes. Diante de uma das armaduras, Ugo se deteve e, deitando sobre a laje o corpo inerte de Loredano, começou a armá-lo. Depois de encerrar o jovem conde em sua prisão de ferro, ergueu-o, pondo-o em pé sobre o pedestal e colocando-lhe o elmo, cuja viseira ele fechou. Em seguida, deslizou entre os dedos da luva metálica um minúsculo rolo de pergaminho.

– Que é isso? – perguntou Gabriela, que havia assistido a toda a cena.

— É a fórmula para a ressurreição do cavaleiro Loredano — disse Ugo com um sorriso lúgubre. Talvez, nalgum século futuro, a sorte traga aqui um sábio que saiba decifrar esse pergaminho.

Ergueu a lamparina e proclamou de forma irônica:

— Adeus, conde Loredano! Venha, Gabriela.

Conduziu a jovem mulher ao quarto abandonado e, apertando-a ao seu peito, murmurou apaixonadamente:

— Agora este lugar vago me pertence, não é mesmo, mulher adorada?

— Sim, Ugo — respondeu Gabriela em voz baixa e trêmula. — O lugar daquele que deixou este quarto é seu, mas não antes que o Padre haja abençoado nossa união.

— Sua vontade é a minha lei — respondeu o jovem homem, beijando sua mão. Em seguida, lançou-se ao corredor secreto e desapareceu.

CENTO E CINQUENTA ANOS DEPOIS

É o mesmo castelo que encontramos, no momento de retomar esta narrativa. Um século e meio se passou sem provocar sensíveis mudanças no aspecto do velho edifício. Como outrora, ele se ergue sombrio e imponente no cume da colina.

Entretanto, desta vez, o velho colosso de pedra se mostra ornado e cheio de vida. Por toda parte enrolam-se guirlandas de flores e a toda volta flamejam estandartes multicores. Os sons da música ressoam ao longe, e uma multidão alegre e enfeitada se aperta nos salões, jardins e alamedas, onde os vassalos os servem.

Festeja-se o casamento do jovem conde Ugo, o único filho do velho castelão. Seus pais o adoravam e por essa razão haviam consentido sua união com a mulher que ele amava, uma jovem e bela órfã, sua consanguínea, de nobre nascença, mas inteiramente desprovida de fortuna e elevada agora à nobre posição no castelo.

O banquete de núpcias estava terminando, e os convidados se apertavam junto aos noivos para felicitá-los. Ela estava encantadora e adornada como uma rainha, mas numa tristeza que saltava aos olhos. Tão branca quanto seu véu de gaze prateada, os olhos abaixados, ela respondia com uma inclinação silenciosa os bons votos dos amigos e vizinhos.

O noivo tinha um rosto bem proporcionado e espiritual, grandes olhos negros cheios de fogo e uma cabeleira espessa e anelada. Ele poderia desfrutar de uma beleza incontestável, se aquela bela cabeça não se fizesse acompanhar de um corpo disforme e corcunda, que nem a rica vestimenta de tecido prateado, nem o pequeno manto adornado de pedrarias poderiam embelezar. A certeza de estar unido à mulher amada não parecia, no entanto, dar-lhe felicidade. Uma expressão amarga e sofrida contraía sua boca e seus olhos reluzentes não deixavam a pálida noiva.

Pouco a pouco a sociedade se dispersou, grupos se formaram, e alguns jovens arrastaram consigo o conde Ugo.

No grande salão começava-se a dançar.

– Onde está Gabriela? Você a viu? – perguntou o velho conde, aproximando-se, preocupado, de um jovem e distinto senhor que, esbaforido pela dança, enxugava sua fronte molhada de suor.

– Eu a vi entrar na sala de armas, meu tio.

– Efetivamente ela despreza de maneira ostensiva seu marido. Acabei de encontrar Ugo procurando-a – disse o velho senhor com um profundo descontentamento. – E que estranha predileção para uma moça! Ela tem uma verdadeira paixão por aquela sala, enquanto que Ugo a detesta, e, desde sua infância, não põe ali os pés senão a contragosto, apesar dos tesouros que ela encerra no que diz respeito às armas preciosas e armaduras! É verdade – disse o velho com um suspiro – que meu filho não é de modo algum adestrado para a vida guerreira, pois tem os gostos de um sábio. Ele passa os dias na biblioteca a estudar os anais da família ou a folhear os velhos livros de alquimia.

– Console-se, meu tio. Em seus netos nossa antiga raça guerreira renascerá em todo o seu esplendor, e se Ugo encontrar o segredo de fazer ouro, isso não será de desprezar – disse o jovem senhor rindo. – Se tem tempo disponível nesse instante, venha comigo à sala de armas. É a primeira vez que venho aqui e gostaria que me mostrasse as peças mais importantes. Interesso-me demasiadamente por essas relíquias de família.

– Com grande prazer, caro Fúlvio. Aqui se dança e não notarão nossa ausência. Além disso, devo encontrar Gabriela e trazê-la para junto de seu marido.

Certamente lisonjeado pelo interesse que inspirava sua coleção, o velho senhor pegou o braço de seu sobrinho e o conduziu, através de uma longa galeria iluminada por tochas e lampiões, em direção à sala de armas.

O vasto recinto era fracamente iluminado por uma lâmpada suspensa no teto, mas pelas altas janelas góticas vinha do exterior a claridade avermelhada mesclada dos pálidos raios de lua, e esta estranha luz cintilava em reflexos fantásticos sobre os cavaleiros de ferro, imóveis sobre seus pedestais e, sobre a roupa cintilante de pedrarias da noiva, apoiada a uma das janelas, bem no fim da sala.

— Ah! ah! ali está ela, disse o conde – e como sempre junto à armadura do velho Galeazzo, que Satã levou vivo... Caro diavolo!... Vou mandar exorcizar esse ferro velho para que ele não enfeitice minha nora.

— Gabriela, por que você se isola da festa? Seu marido a procura, preocupado e contrariado, e você sonha com as estrelas nesta sala escura e deserta, sem temer nem mesmo a aproximação de um objeto sujo pelo contato com Lúcifer...

E como que pondo fim ao seu descontentamento, o velho senhor bateu violentamente sobre a armadura incriminada de ligações satânicas. A esse golpe, uma das luvas de ferro se destacou e caiu pesadamente ao chão.

A jovem noiva, que se havia voltado a ele pedindo desculpas, imprimiu um grito surdo, e atirando-se a seu sogro, agarrou-se a ele.

Do braçal apareceu uma mão de dedos afilados, branca como a cera e vivamente iluminada pela luz de fora.

A essa visão incompreensível, os dois homens recuaram fazendo sinal da cruz.

– Por São Marcos! Veja que coisa inacreditável! Sei, a propósito, que, de pai para filho, essas armaduras são conservadas aqui como preciosas lembranças, mas... elas sempre estiveram vazias! Corra, Fúlvio, buscar uma luz; é preciso saber de onde saiu esse membro cortado.

O jovem senhor se atirou pela galeria e, ao final dum instante, reapareceu trazendo um candelabro de braços carregados de velas de cera que ele havia arrancado das mãos de um pajem. Pálidos como os mortos, os três se penderam sobre aquela mão branco-amarelenta, ornada no quarto dedo com um anel de ouro, com grande pedra preciosa incrustada.

Após um momento de hesitação, o conde pegou e apalpou a mão. Ela era mole como uma esponja, mas muito rija para ser dobrada; tentou então tirar o anel, mas não pôde fazê-lo porque o dedo parecia inchado.

Fúlvio subiu no pedestal e bateu na armadura.

– Per Bacco! Ela não soa oca. Tio, há qualquer coisa dentro! E se levantando sobre a ponta dos pés, ergueu a viseira do elmo que cedeu com um rangido lúgubre. No mesmo instante ele estremeceu e saltou para trás; Gabriela soltou um grito agudo e se abaixou na laje, ocultando o rosto com as mãos.

O tumulto foi ouvido na galeria. Os convidados e

os serviçais, trazendo tochas, irromperam à sala. Num piscar de olhos um círculo se formou ao redor do cavaleiro de ferro; olhares receosos e estupefatos fixaram o jovem e belo rosto com grandes olhos descorados e sem expressão que apareciam na moldura do elmo.

– Ah! murmurou uma voz trêmula – um crime misterioso foi cometido aqui e o cadáver do infortunado foi escondido nessa armadura...

– Mas se o assassinato não é recente, como é provável, por qual milagre o corpo não apodreceu? – observou um outro.

A discussão foi interrompida por passos rápidos e pela voz alterada do conde Ugo perguntando:

– Que se passa aqui? Aconteceu alguma coisa com Gabriela?

Deram-lhe passagem, mas, ao perceber o rosto imóvel, iluminado como ao sol do dia, Ugo se deteve como fulminado:

– Ah!... – disse ele surdamente – a lenda não era mentira. Foi aqui que esconderam o conde Loredano, nosso avô tão misteriosamente desaparecido!

Tremores sacudiram o corpo do jovem corcunda, e seus olhos injetados de sangue pareciam pregados no Cavaleiro de Ferro.

— Então é verdadeira a suposição do capelão, de que Ugo Castellari era um alquimista e um envenenador — continuou ele com agitação crescente, balançando os braços. — Não, não, não, isso não é verdade! O conde não está morto! — exclamou fora de si e, com gritos agudos, caiu rolando sobre a laje num dos horríveis ataques aos quais estava sujeito desde a infância.

Ergueram-no e o levaram a seu quarto, para onde sua mãe e Gabriela o seguiram.

Homens a cavalo foram enviados em todas as direções para buscar médicos. Tomadas essas primeiras medidas, o velho conde apareceu pálido e abatido entre os convivas consternados:

— Caros hóspedes e vizinhos — disse ele —, perdoem-me o triste fim desta festa que vocês honraram com sua presença. Mas as emoções do dia e a extraordinária descoberta que nós fizemos na sala de armas impressionaram muito meu filho. Estranhamente, ele sempre se interessou pela morte do avô, desaparecido sem deixar traços, e procurou descobrir o que poderia ter acontecido.

— Acalme-se, meu velho amigo — disse um cavaleiro apertando a mão do conde. Seu filho se restabelecerá e nós viremos festejar com ele sua convalescença. Uma surpresa como essa poderia quebrar nervos mais fortes que os de Ugo!... Além disso, ele tem razão: é sem dúvida alguma o corpo de Loredano que o diabo meteu na armadura de seu amigo Galeazzo, pois examinei o anel do cadáver e nele está gravado o emblema desta família.

Respeitando o desgosto dos nobres castelões, os convidados se dispersaram silenciosamente, e o castelo tão animado algumas horas antes, ficou deserto e silencioso. Solitários, alguns grupos de serviçais cochichavam aqui e ali, comentando à sua maneira os estranhos eventos da noite.

Muitas semanas se passaram. Acometido de uma febre alta, o jovem conde se debatia entre a vida e a morte. Os mais célebres médicos estavam reunidos à sua cabeceira. Seus pais e Gabriela o velavam com devotamento.

Mas uma agitação singular tomava conta da jovem mulher; sempre que podia, num momento de liberdade, ela fugia para a sala de armas e, fascinada, contemplava o belo rosto pálido de Loredano, que, por uma esquisita superstição, medo e repugnância, ainda não havia sido retirado da armadura para ser enterrado.

Era ali que se tinha sempre a certeza de encontrá-la. E como Ugo começava a se restabelecer e a queria sem cessar ao seu lado, o conde trancou as portas da sala que todos os habitantes evitavam, cheios de pavor supersticioso, interditando a entrada à sua nora. Ela, desesperada, implorou e chorou, mas o conde permaneceu inflexível. No primeiro momento ela se agastou; mas o destino a fez descobrir no seu aposento – o mesmo que outrora haviam habitado Loredano e sua esposa – uma porta oculta no forro da parede, a qual, por uma passagem secreta, levava à sala de armas. Ela se aquietou e, usando de astúcia, satisfez seu ardente desejo de contemplar o cavaleiro de ferro.

Triste e esmorecido, seu sogro desistiu de impedir a jovem mulher de seguir seu impulso.

Ugo recobrou pouco a pouco a saúde; percebeu bem cedo a estranha paixão que despertava no coração de sua mulher o Cavaleiro de Ferro – assim haviam batizado o corpo descoberto na armadura. Ódio e ciúme ferviam nele.

Passou horas arquitetando um modo de destruir esse rival mudo, esse corpo enfeitiçado que não conseguia apodrecer de maneira nenhuma. Mas um terror supersticioso o afastava continuamente da sala de armas. Ele tinha ideia infernal de que, se livrasse Loredano de sua prisão de ferro, este ressucitaria e lhe arrancaria o resto de sua felicidade e tranquilidade.

Sombrio e irritado ele se trancava frequentemente na torre de arquivos e, com uma impaciência febril, lia e relia a crônica do velho castelão que relatava como o conde Loredano, retornando de uma viagem à cidade, havia se deitado como de hábito, mas em consequência do depoimento da condessa, levantara à noite, vestira as roupas de véspera e saíra, respondendo à sua pergunta que ele voltaria cedo.

A partir desse momento ninguém voltou a vê-lo e as mais laboriosas buscas não haviam lançado a menor luz sobre este misterioso desaparecimento.

Mas, quando alguns meses mais tarde a jovem viúva escolheu para esposo Ugo Castellari, o primo pobre de seu marido, o qual havia transportado ao castelo instrumentos bizarros e livros de alquimia, uma incômoda suspeita despertou no coração do velho monge que havia batizado Loredano. Ele observou atentamente o filho deixado pelo jovem conde e suspeitou de uma justa punição de Deus à morte de Castellari e sua mulher, que, durante uma pequena viagem, afogaram-se ao atravessar um lago.

Agora a dúvida não era mais possível: Ugo, o alquimista, de comum acordo com a bela avó, havia matado o infeliz, e durante um século e meio o marido traído havia feito sua vigilância sob os olhos de seu filho e de seus descendentes.

A agitação desordenada do jovem conde aumentava dia a dia:

– Preciso acabar com isso, destruí-lo – repetia ele.

Uma manhã, reunindo toda a sua coragem, penetrou na sala de armas. Coração batendo forte, deteve-se frente ao pedestal sobre o qual se erguia calmo e imóvel o Cavaleiro de Ferro, que o contemplava com seu olhar embaçado e vítreo.

Ugo se arrepiou e baixou a cabeça. Foi aí que seu olhar tombou sobre a manopla estendida no chão e que ninguém ousara tocar; entre os dedos ele percebeu, como que colado, um minúsculo rolo de pergaminho desgastado pelo tempo.

– O que é isso? – murmurou ele, abaixando-se para pegá-lo. – Será o testamento de meu infeliz avô, que ele em vão ofereceu, sem que ninguém percebesse? Talvez possa eu mesmo executar sua última vontade.

E com esse respeito arraigado pelos membros mortos da nobre e vigorosa raça da qual ele era o último e insignificante descendente, Ugo desenrolou o pergaminho que continha uns escritos góticos e sinais cabalísticos.

O jovem conde voltou apressadamente ao seu quarto e, após demoradas e sofridas buscas em seus livros de alquimia, conseguiu decifrar alguns fragmentos que tratavam de um punhal preso ao flanco de Loredano e de uma ferida a fazer com esse punhal para que o sangue fluísse.

Ah! – exclamou Ugo, arrebatado de alegria –, enfim encontrei o meio de destruir o terrível sortilégio que lhe dá aparência de um vivo, fascina o coração de Gabriela e me tira todo o sossego! Apenas preciso procurar o punhal do qual fala o pergaminho. À noite, quando todos estiverem dormindo no castelo, direi à minha mulher que tenho trabalho a fazer. Então, adentrarei a sala de armas e vasculharei.

Passado algum tempo, o relógio acusava meia-noite e um profundo silêncio reinava na velha fortaleza, quando Ugo, pálido e abatido, executava de castiçal na mão sua expedição noturna.

À entrada da sala de armas ele se deteve tomado de um arrepio supersticioso; os raios pálidos da lua iluminavam o feixe de armas suspenso na parede e as estátuas de ferro escuras e mudas. Somente uma tinha sua viseira erguida e, na abertura do elmo, aclarado por essa luz esbranquiçada, o rosto pálido de Loredano estava positivamente assustador...

– Oh! se eu não precisasse encontrar esse punhal! – murmurou o corcunda comprimindo sua mão sobre o peito opresso. Mas devo me dominar e pôr fim a esse sortilégio que me faz perder o amor de Gabriela!

Atravessou a sala a passos vacilantes, colocou seu castiçal no chão e, subindo ao pedestal, procurou soltar os ganchos que prendiam o peitoril da armadura.

No primeiro instante seus dedos trêmulos não podiam agir com precisão, mas a seguir a couraça começou a se desprender. Ugo quis tirá-la, mas suas mãos fracas e trêmulas não puderam suportar um tal peso e a couraça rolou ao solo com um ruído pavoroso.

Muito pálido, joelhos dobrando, Ugo se apoiou à beira da janela, contemplando com olhar desvairado a estranha figura em pé sobre o pedestal, ainda vestida com o elmo e o resto da armadura; o peito estava agora descoberto e via-se que o Cavaleiro de Ferro estava vestido com um gibão de veludo escuro, costurado com fios de prata. Um cinto ricamente trabalhado envolvia sua cintura e, preso a ele, pendia ao lado uma pequena adaga com cabo de ébano, incrustado de pedras.

– Aí está o punhal mencionado no pergaminho! – murmurou Ugo.

Dominando a emoção, ele estendeu a mão para apanhá-lo, mas deixou-o cair imediatamente com um grito abafado: uma aparição branca havia resvalado entre ele e o Cavaleiro de Ferro e detivera seu braço:

– Você quer destruí-lo! Você o feriu com o punhal! Então é esse o trabalho de que você me falou? – murmurou Gabriela com uma voz sofreada pela emoção. – Jamais consentirei nisso... eu o defenderei!

Fora de si, tão pálida quanto seu vestido noturno,

a jovem mulher projetou-se para frente sobre o degrau do pedestal, cobrindo o Cavaleiro de Ferro com seu próprio corpo.

Um furor insano apoderou-se de Ugo:

– Ah! infeliz! Esse cadáver maldito a enfeitiçou a esse ponto! Espere, descobri o meio de nos livrarmos!

Com uma força que ele não suspeitara até então nesse corpo débil, envolveu a cintura de Gabriela e arrancou-a do pedestal, a despeito de sua resistência. Com a outra mão apanhou o punhal, que estava imantado e aplicou um golpe no vazio do estômago do Cavaleiro de Ferro. Um instante depois a arma rolou ao chão e um duplo grito soou no ambiente abobadado. Sangue esguichou da ferida, e um estremecimento agitou os traços até aquela hora imóveis, transmitindo-se gradualmente a todos os membros da estátua de carne. A seguir, a mão solta da manopla ergueu-se em direção à testa e dois olhos embaçados fixaram com estranheza o casal apavorado. Uma voz sonora e metálica perguntou: "Onde estou?"

Ugo segurou a cabeça entre as mãos e se pôs a correr pela sala como um louco, ora emitindo gritos agudos, ora resmungando frases incoerentes.

Gabriela permaneceu imóvel como uma estátua, mas seus olhos completamente abertos não perdiam um só movimento do Cavaleiro de Ferro que, cambaleante, descera do pedestal e dera alguns passos. A cena durou apenas dez minutos, mas o alarido e os gritos do jovem conde já haviam posto o castelo em alerta. De todos os lados acorriam serviçais com tochas e castiçais e finalmente os castelões. Mas todos se detiveram petrificados ao ver o Cavaleiro de Ferro que, coberto de sangue, as mãos comprimindo sua ferida, encontrava-se no meio da sala. Seus olhos grandes vagavam dum lado a outro, com temor e inquietude, mas subitamente seu olhar se velou e, com um surdo gemido, ele se abateu sobre os joelhos.

A esta visão, um terror desvairado tomou conta dos espectadores. Uns fugiram gritando, outros se jogaram de rosto no chão, persuadidos de que o próprio satanás encontrava-se diante deles.

Apenas o velho conde se aproximou do ferido e, debruçando-se sobre ele, constatou o coração palpitando. Então se tratava de um homem em carne e osso, e não de um espectro, e qualquer que fosse o mistério dessa ressurreição, seu avô Loredano vivia e respirava. Levantando-se, pálido e resoluto, o velho senhor chamou os serviçais e ordenou-lhes erguer o infeliz homem e levá-lo a um quarto vizinho onde o estenderam sobre o leito, retirando a armadura. O próprio conde enfaixou a ferida como pôde.

– Pietro – disse ele a seu homem de confiança que o ajudava nessa tarefa –, mande imediatamente buscar um médico. Ugo e as mulheres estão como que enlouquecidos e podem ficar doentes. Quanto a esse infeliz – e indicou Loredano – acho que será mais útil para ele trazer o velho alquimista que habita as ruínas do castelo negro. Talvez ele conheça alguma coisa deste mistério satânico.

Completamente transtornado, o velho conde voltou à sala de armas onde o infeliz Ugo continuava correndo como um tigre na jaula, gritando, e com os olhos desvairados:

– Ele ressucitou! Ele se moveu! Fiz mal dando-lhe um golpe de punhal!

Em vão seu pai tentou acalmá-lo. Ele repelia a todos e somente quando o esgotamento o fez tombar num banco, apanhou a mão do conde e contou em voz baixa que, durante uma ausência de Loredano, ele e Gabriela, arrastados por um amor culpado, decidiram fazê-lo desaparecer.

– Ali na torre do relógio, nós combinamos tudo... finalizou ele de forma dilacerante. E agora ele voltou!... Gabriela! Gabriela! Fujamos!!

As pessoas o ouviam sem nada compreender, crendo que o susto o fizera perder a razão. Ninguém supunha que esse abalo moral havia despertado e exposto ao seu cérebro um negro episódio dum passado longínquo; o criminoso alquimista, que desprezara a honradez da família que o acolhera como amigo, pela inexorável Justiça Divina viera nascer como filho dessa casa, posição que ele tanto desejara! Mas fraco e corcunda, não podia gozar nem dessa fortuna, nem satisfazer sua ambição, e ele mesmo deveria, por intuição, restituir a vida ao infortunado Loredano, de quem reteve a alma, tornando-o uma sentinela muda, por seu cinismo sacrílego, durante século e meio!

A mulher que ele seduzira agora era sua, mas também aqui a Lei de Talião o agarrara: era evidente que ela não se agradava dele.

Em Gabriela chegou o remorso, acordando a lembrança de o haver amado, ligando seu coração ao Cavaleiro de Ferro; naquele momento ela esquecia totalmente Ugo e se dirigia ao quarto onde haviam colocado o ferido. Ajoelhada ao pé do leito, não tirava os olhos do rosto pálido de Loredano.

Uma hora mais tarde, o próprio conde introduziu ali um velho de talhe alto, envolto num longo e amplo hábito negro seguido de um anão que carregava uma caixa.

Os serviçais, pálidos de pavor supersticioso, rodeando o leito como sentinelas, fizeram o sinal da cruz com alívio – o sábio alquimista afinal exorcizaria o diabo incorporado na múmia.

– Contei-lhe as circunstâncias inacreditáveis deste fato inaudito – disse o conde – agora confio à sua ciência, senhor Leonardo, para nos ajudar a esclarecer.

– A Magia Negra nos ensina os meios de interromper assim a vida num corpo por um tempo indefinido – disse o velho, inclinando-se sobre Loredano que parecia reincidir na imobilidade da morte. Tocou-o, examinou a ferida, colocou o ouvido sobre o coração e em seguida disse:

– Ele vive, e tudo o que estiver ao meu alcance será feito para salvar seu avô. Peço somente, senhor conde, que mande acender a lareira e afastar sua gente e essa jovem mulher. Peço também trazerem aqui uma banheira, água, leite e uma chaleira.

Quase tudo estava pronto e o pessoal desnecessário foi afastado. O velho sábio trancou cuidadosamente a porta, enquanto o anão acendia as tochas e as velas de cera. O escuro dormitório se aclarou, e a chama crepitante do fogo espargiu calor agradável. Então o astrólogo desnudou completamente a ferida e examinou minuciosamente o corpo inerte, amarelado como a cera e ligeiramente inchado. Ao terminar a inspeção, tomou da caixa muitos frascos, um maço de ervas e diversos objetos que alinhou sobre a mesa, enquanto o anão vigiava a ebulição da água na chaleira suspensa sobre o fogo.

Em primeiro lugar, o astrólogo friccionou com um licor vermelho as têmporas, os lábios e o peito de Loredano; depois, com uma esponja e água morna, lavou a ferida e todo o corpo. O jovem homem começou a respirar ruidosamente, porém sem abrir os olhos.

Então, a pouca distância de sua cabeça, o sábio fixou duas ampolas inchadas que exalavam um odor forte e estranho. Tirando da caixa uma comprida mangueira ligada numa ponta a um tubo em forma de trompa, e na outra a uma esponja, ordenou ao anão colocar a esponja na água que borbulhava e nela jogou as ervas trazidas. Ele próprio pegou uma outra esponja e esfregou fortemente o corpo, a cabeça e os cabelos do doente; à medida que o vapor quente saía do tubo e alcançava o corpo, ele perdia a coloração amarelada de cera tornando-se róseo e flexível, enquanto a ferida começava a cicatrizar. O sábio cheirou o sangue, sacudiu a cabeça com satisfação, enfaixou a chaga e, abrindo com seu punhal os dentes fortemente cerrados do ferido, verteu dentro de sua boca o conteúdo de um frasco.

Enquanto isso, o anão preparou um banho misturado de água, leite e essências aromáticas; com sua ajuda o astrólogo ali mergulhou Loredano sempre desfalecido.

Mas no fim de certo tempo, o jovem homem suspirou e abriu os olhos.

– Onde estou? E que faz você de mim? – murmurou ele.

– Acalme-se, meu filho, e tenha um pouco de paciência. Breve saberá tudo. Enquanto isso, beba esse copo de vinho quente que estou trazendo à sua boca. Isso o reconfortará.

Loredano bebeu e fechou os olhos.

Quando o corpo retomou a coloração e elasticidade necessárias, o velho sábio colocou-o no leito, enxugou-o, vestiu-o de linho fresco e cobriu-o com uma espessa coberta.

– Tenho sede! – murmurou o enfermo.

O astrólogo trouxe-lhe um copo no qual havia misturado leite com ovos crus. Após bebê-lo avidamente, Loredano dormiu um sono profundo e reparador.

Algumas horas mais tarde, o sol nascente aclarava com seus raios o escuro dormitório e os dois homens em pé, ao lado do leito de Loredano, sempre adormecido.

– Seu avô está salvo e o despertar ocorrerá a qualquer instante – disse o alquimista com um alegre sorriso. – Quanto à ferida, senhor conde, ela não terá, assim o espero, nenhuma consequência desagradável.

O velho senhor, pálido e emocionado, inclinou-se e examinou o pobre homem com ternura misturada de veneração.

– Fico com a cabeça transtornada quando penso que este ser, na flor da idade, é meu avô – disse ele.

Nesse momento Loredano abriu seus olhos grandes e negros e fixou-o com estranheza.

– Quem é você? Que aconteceu comigo? Onde está minha mulher? – perguntou ele, levantando-se. – Fale, preciso saber de tudo.

O velho conde sentou-se e apertando sua mão, contou-lhe sucintamente o que se passou e o que supunha dele. Todas as emoções se refletiam sucessivamente no rosto expressivo do ressuscitado.

– Você... você é o neto do meu filho pequenino e tem a barba branca... Eu estou vivo e sou jovem! É incrível! É espantoso! Repetia Loredano, levando as duas mãos à testa molhada de suor. – E Deus permitiu um tal sacrilégio! O que será de mim aqui, onde eu não tenho ninguém?! Minha esposa está morta, sem dúvida...

– Sim, posso entendê-lo, pois cento e cinquenta anos se passaram desde estes tristes acontecimentos. Mas acalme-se, Loredano, nós o amaremos e nos esforçaremos para lhe tornar a vida suportável – acrescentou o velho conde, afagando com a mão seus cabelos anelados.

– Quem é a mulher que tem as feições de Gabriela e que acreditei ter visto aqui? – perguntou repentinamente Loredano.

– É a mulher de meu filho Ugo.

O infeliz homem abaixou a cabeça extenuado, e algumas lágrimas amargas rolaram entre seus dedos.

Algumas semanas se passaram.

Graças ao tratamento do alquimista, Loredano se restabeleceu, mas uma tristeza profunda obscurecia sua alma. Ele vagava pelo velho solar, buscando avidamente os objetos que lhe haviam sido familiares e que estivessem conservados. Solitário, a lembrança da sala de armas lhe causava uma agitação nervosa e quase sempre se refugiava no jardim e nos bosques mais afastados; passava horas a devanear.

Recusara formalmente receber alguém ou visitar senhores vizinhos.

– Faz cento e cinquenta anos que morri para o mundo... – dizia com amargura. – Que farei entre esses desconhecidos? Nenhum dos que me amaram e me conheceram existe mais!...

Todavia o alarido do acontecimento tão extraordinário havia-se espalhado e algumas vezes os vizinhos ou vizinhas indiscretos vinham ao castelo. Não conseguindo obter uma entrevista com o miraculoso

Cavaleiro de Ferro, penetravam furtivamente no jardim, para contemplar, ao menos, através dos ramos dos arbustos, o belo moço de olhar ígneo, que tinha no passado sido bisavô do velho guerreiro de barba branca que comandava o castelo.

Desde a convalescença de Loredano, ele vira muitas vezes Gabriela e logo percebeu o amor apaixonado que ele lhe inspirava. Às vezes ele partilhava desse sentimento, mas frequentemente uma aversão estranha, pela qual não encontrava nenhuma explicação, perseguia-o, fazendo-o evitá-la. Com tudo isso, Ugo vigiava e tornava toda aproximação impossível.

Quanto ao infeliz corcunda, seu estado de espírito inspirava a seus pais as mais vivas apreensões. Ele definhava visivelmente e ver Loredano provocava-lhe crises nervosas. Fugia até mesmo de seus parentes, desaparecendo dias inteiros, sem que alguém pudesse encontrá-lo; aparecia somente à noite para se alimentar um pouco. Um dia ele desapareceu novamente e, apesar das mais ostensivas procuras, não se conseguiu encontrá-lo; chegou-se a supor que ele deixara o castelo e vagava na floresta, como já ocorrera antes. No terceiro dia após esse desaparecimento, o velho conde, atormentado de tristeza e inquietude, conversou com Loredano. Foi quando este exprimiu o desejo de rever uma vez mais, em plena luz do dia, a prisão de ferro que ele habitara século e meio. Foram então à sala de armas e detiveram-se, tristes e pensativos, diante da armadura do Cavaleiro Galeazzo, recolocada no pedestal, luvas de ferro atarrachadas e viseira baixada, em tudo parecido aos seus compares mudos, seus vizinhos. Loredano tirou o conde de seus devaneios:

– Miserável alquimista – disse batendo de forma rude nos dedos da couraça. – A que horroroso destino ele me condenou!

Uma voz fraca e velada ergueu-se do interior do elmo:

– Pago meu crime: tomei seu lugar.

A essa estranha resposta, cujo timbre lúgubre parecia vindo de uma tumba, os dois homens recuaram, tremendo. Guiados por um pressentimento, eles se aproximaram da nefasta armadura, tiraram-na do pedestal e Ugo foi retirado, quase morto de fome, num estado tão deplorável que morreria algumas horas mais tarde, divagando sempre sobre um passado que ninguém compreendia.

Como tinha conseguido entrar na prisão de ferro? Difícil compreender.

Mas também para Loredano esse dia se tornara fatal, pois o esforço que fizera, levantando a armadura, reabrira sua ferida ainda mal cicatrizada. Trouxeram-no ao quarto e um médico chamado à pressa – pois o alquimista estava ausente – declarou que ele não passaria daquela noite.

Esquecendo conveniências, Gabriela, ansiosa, não deixava seu leito de agonia. Ajoelhada à cabeceira, apertava a mão já fria de Loredano, inundando-a de lágrimas ardentes e murmurando com voz entrecortada a confissão de seu amor.

Por um momento a vida pareceu renascer. O jovem apertou sua mão, e um olhar triste e afetuoso procurou o seu:

– Não chore mais, Gabriela. É melhor morrer quando se renasceu tão tarde e se sente tão só.

Abateu-se, exaurido. Seu rosto se cobriu com as sombras da morte. Mas, repentinamente, os olhos do moribundo se abriram, fixos e completamente dilatados:

– Eis então o mistério da vida! – murmurou.

Nesse momento seu olhar esquisito, já vendo além da matéria, recaiu sobre Gabriela. Um raio de cólera e repulsão brotou:

– Você! Você foi a traidora... e ele, Castellari! Maldita seja você...

Repeliu-a e se prostrou no travesseiro. Tudo acabara...

Com as mãos na cabeça, a jovem saiu correndo.

Na noite do dia seguinte, à claridade imprecisa das velas, três caixões mortuários estavam postos na sala grande do velho solar. Num estava Gabriela, tão alva quanto o vestido que lhe haviam posto, os lindos cabelos louros se estendendo em anéis pesados e úmidos. Ela havia se suicidado no tanque do jardim.

De ambos os lados estavam estendidos os dois homens que ela havia amado e traído.

Um velho, vestido de negro, estava ajoelhado, unindo sua prece às preces dos monges que recitavam as orações dos mortos. Lágrimas de amargura orvalhavam sua barba branca, e seu olhar errava do jovem avô ao melancólico e último descendente de sua ilustre raça.

Os anos se passaram, e novos habitantes se estabeleceram no velho castelo, mas a obscura lenda do Cavaleiro de Ferro ressuscitado se perpetuou de geração em geração.

As pessoas faziam o sinal da cruz ao passarem perto da sala de armas e evitavam atravessá-la à noite, pois bom número de pessoas dignas de fé juravam ter visto ali, em noites de lua cheia, uma mulher descabelada e vestida de branco que vagava, torcendo os braços em volta das armaduras, e sob a viseira erguida do elmo aparecia tanto o rosto pálido e os olhos fixos de Loredano, quanto as feições emagrecidas e contraídas do último descendente da antiga família extinta com ele.

Satã e o Gênio
Lenda das Esferas

O centro do infinito irradia um foco de luz tão resplandecente, tão imenso, que a imaginação humana não pode conceber quem possa ter uma ideia disso. Ao redor desse foco gravitam majestosamente as nebulosas com seus milhões de sóis. A vibração harmoniosa das esferas o enche de uma música deliciosa, e todos os eflúvios do bem aí convergem, criando a inalterável serenidade da perfeição.

Este foco incandescente de luz e de vida é o Céu, a residência do Criador do Universo. E ao redor de seu trono, alteado por montanhas de nuvens prateadas e azuladas, agrupam-se as falanges resplandecentes dos arcanjos, dos anjos, toda a hierarquia celeste, até os gênios que, bem embaixo da escala, espalham-se, como nuvens de borboletas multicoloridas, em toda a extensão do Paraíso.

Diante do trono do Eterno, a audiência é perpétua, pois de todas as esferas, de todos os mundos, chegam incessantemente mensageiros que dão conta do estado das almas e do grau de progresso nos planetas que lhes são confiados.

À porta do Paraíso, São Pedro controla e depois deixa passar os governadores das províncias inumeráveis do reino de Deus e também o séquito de que cada qual dispõe.

Lá estão os chefes, os guias, os espíritos protetores, e, entre eles, aqui e ali, os mártires trazidos pelos espíritos serviçais; ensanguentados de corpo e alma, eles não teriam, sozinhos, a força de comparecer diante do Criador.

Um planeta sobretudo – um atomozinho perdido na imensidão de sua nebulosa – que somente seus vizinhos mais próximos podem perceber, envia abundantemente esses estropiados que os anjos e os gênios cercam curiosamente e questionam sobre a origem de suas feridas. A narrativa dos mártires sobre a crueldade e maus tratos que os fizeram sofrer sobre a Terra fazem os anjos e os gênios ficarem de cabelo em pé; eles torcem as mãos vertendo torrentes de lágrimas e, com esse horror todo, as penas de suas asas se eriçam.

– E é porque vocês querem que os homens aprendam a virtude, o amor, a integridade, a caridade que os homens lhes fazem tanto mal? Mas é horrível!

– Sim, mas eles são de tal forma endurecidos no mal!... – gemem os mártires.

– Eles conhecem a existência do Criador, dos arcanjos, dos anjos e de toda a milícia celeste, esses guardas da virtude e da harmonia dos sentimentos? Talvez seja a ignorância que os torna tão maldosos... – aventou um dos anjos.

– Oh, certamente eles todos sabem que o Pai Eterno existe – responde um dos mártires. – Somente imaginam que, se acendem uma vela ou uma lâmpada diante da imagem pintada de um velho de barba branca, tendo um globo em sua mão, o Senhor ficará satisfeito. Isso não é tudo: há um Deus dos católicos e um Deus dos protestantes, e ainda um outro para os seguidores de Maomé. Cada um proclama o seu e nas lutas sanguinolentas que fazem com esse propósito, os adeptos do Deus católico degolam aqueles do Deus protestante, e assim indefinidamente. Para o que é Deus dos arcanjos, não é de sua luminosa beleza e nem com sua virtude que eles se preocupam, mas sim em decidir se suas asas são feitas de plumagem de águia ou de pomba.

E as lágrimas amargas correm dos olhos dos mártires ao lembrar de tudo quanto sofreram em vão. Foram imolados por querer ensinar o bem, e as almas que tinham seguido seus exemplos tinham sido apenas notadas na multidão.

Um arcanjo que estava próximo e escutava também, abanou tristemente a cabeça:

– É desolador que os habitantes da Terra sejam tão cegos, mas é preciso abrir-lhes os olhos, fazê-los compreender que é Satã quem os inspira.

– Absolutamente – falou um dos missionários. – Satã nem se mexe do lugar, uma pedra onde ele se senta na entrada da Terra. Ele apenas olha o que ali se passa e se diverte. "Eu não tenho necessidade de me fatigar como vocês; eles fazem sozinhos o que me é agradável" – ele nos disse zombando.

– Ele tem razão – ajuntou com despeito um martirzinho menos maltratado que os outros. – Aos Enviados de Satã os humanos não fazem mal, eles não matam aqueles que o adoram; mas a nós, desde que nos farejam, caçam-nos, e em lugar nenhum achamos refúgio, mesmo nas igrejas, que deveriam ser nosso asilo e nosso abrigo. E os servidores desses templos também são homens, e, com palavras, adoram Deus, mas no fundo de suas almas reina Satã.

A conversação foi interrompida porque toda a falange dos chegados da Terra foi chamada diante do Eterno para contar sua parte.

Após ter conhecimento de tudo o que se passou, o Criador, em sua infinita bondade, entristeceu-se.

– Repousem, meus fiéis mensageiros, na paz do Paraíso – disse o Senhor. – Vocês merecem muito de mim, mas ao pensamento de que minhas crianças terrestres perigam na cegueira e no vício, aflijo-me. Quero fazer apelos aos Gênios do Céu, almas intrépidas, animadas de todas as boas aspirações, para que uma delas se devote e desça sobre a Terra para acordar a consciência dos homens, lembrando-lhes sua origem celeste, pregando a virtude e a fraternidade. Pegue a trombeta – disse ele a um dos arcanjos – e proclame minhas palavras, a fim de que se apresentem aqueles que queiram trabalhar para o bem de seus irmãos, e ao mesmo tempo adquirir as asas angelicais, subindo na hierarquia celeste.

O som brilhante da trombeta ecoou no céu todo, e por três vezes o arcanjo repetiu o apelo do Criador; mas os céus quedaram mudos. Os gênios ansiosos e perturbados ensaiaram esconder-se nas nuvens, e nenhum apareceu diante do trono para dizer: "estou pronto!". Em vão os anjos lhes jogaram olhares significativos, impelindo-os: os gênios ficaram mudos. A vista dos mártires terrestres tinha-lhes tirado toda vontade de se tornarem missionários, e nenhuma persuasão angélica os animava.

Os arcanjos estavam vermelhos de vergonha, e o Pai Eterno exclamou indignado:

– Eu vejo agora que meus gênios são fracos do coração e egoístas, que preferem levar uma vida cômoda no céu a levar o saber que adquiriram aqui a seus irmãos sofredores. Vamos! Exponham suas razões. É preciso ajudar os infortunados cegos da Terra – disse ele voltando-se aos arcanjos, igualmente entristecidos.

Enquanto deliberavam entre eles, viu-se ao longe uma nuvem deslumbrante que se aproximava rapidamente. "Eis nosso salvador. Quando o anjo Êxtase acabar de falar, não mais teremos que escolher o Mensageiro mais apropriado a executar a missão do Eterno" – exclamaram os anjos visivelmente aliviados. Alguns, ao escutarem o nome do anjo Êxtase, rodaram para as nuvens, com tal impetuosidade, que os demais arcanjos, que nunca esperavam isso, não os puderam reter e, a custo, alcançaram um só que cuidaram de não deixar escapar. Este único prisioneiro era um bem jovem espírito tornado gênio há pouco; jamais tinha visto Êxtase e tinha-se retardado por curiosidade.

A nuvem faiscante agora estava próxima. De repente ela se abriu, dando passagem a um ser de fascinante beleza: as túnicas furtacores envolviam-no de mil reflexos; sobre os cachos dourados que cercavam sua cabeça, como uma auréola, repousava uma guirlanda de lírios, tendo bem em cima uma estrela; às mãos ele erguia uma taça cheia de um líquido vermelho como sangue, exalando um aroma atordoante.

Parando em frente do gênio, Êxtase dardejou seu olhar de chamas, com um sorriso fascinante nos lábios e lhe disse numa voz suave e persuasiva:

– Gênio, meu irmão bem-amado, eu o vejo muito bonito e cheio de impulsos; por enquanto, faltam-lhe ainda asas que completarão sua celeste beleza e o levarão pelo espaço infinito, onde o queira levar seu pensamento; não o céu apenas, mas o universo sem limites serão sua habitação... Por que não quer você ganhar asas de anjo? As misérias da Terra o assustam? Mas você ainda não as viu, e as narrações das almas fracas e aturdidas pelo sofrimento não o devem comover. Sublime é a missão de um Mensageiro do Céu. Imagine um campo de batalha coberto de feridos agonizantes de sede, de fome, de perda de sangue, mergulhados nas sombras da noite, que aumenta ainda o horror de seus estados. E você chega, dá de beber a uns, banda a ferida de outros, ajuda os agonizantes a morrer, a bem viver aos que se reanimam; a todos sua chama devolve a luz, dissipa o horror das sombras. Por toda parte, ao toque de sua doce mão, as feridas saram, as lágrimas secam, todos bendizem sua passagem; escutam avidamente suas palavras que cairão como celeste orvalho sobre essas almas insensíveis e doentes. Você lhes ensinará a perdoar ao invés de odiar, a amar não aquele que é materialmente útil e proveitoso, mas aquele que é digno de ser amado; você os lembrará que sua alma, filha do Céu como você, é chama imortal, obscurecida apenas pela imperfeição e pela matéria. E suas palavras os acordarão do entorpecimento moral no qual elas estagnaram. Quando enfim, como coroamento de sua missão, você lhes ensinar a "orar", terá reatado o cordão luminoso que os religa ao Pai Celeste e aclarado com um farol imperceptível as sombras amontadas por Satã. Quanto à lama que lhe jogarão os infelizes cegos, nunca poderá sujar sua brancura imaculada e nem o atingir, pois você planará acima dessas fraquezas terrestres. Luminoso, triunfante, enobrecido pelo dever cumprido, você reentrará entre nós para se revestir da túnica de neve dos anjos e desdobrar suas asas que farão do infinito seu domínio.

O jovem gênio tinha escutado, indeciso e ansioso; em seguida, um rubor escuro invadiu seus traços juvenis e encantadores. O entusiasmo e o fogo que Êxtase exalava invadiam pouco a pouco seu corpo e sua alma. Todo o horror, todo o temor do contato terrestre se dissiparam a seus olhos obscurecidos pelo vapor de Êxtase e, em sua imaginação, ele já se via na Terra, irradiando por toda parte a luz, desenraizando o mal, levando centenas de almas purificadas e arrependidas aos pés do Criador.

Caindo de joelhos, ele estendeu os braços:

– Eu aceito. Envie-me à Terra em missão do bem.

Todo o seu ser palpitava, tudo nele era impulso sublime, amor, caridade, abnegação. Não mais sonhava com as torturas morais que lhe poderiam advir; ele estava pronto a se sacrificar pela ideia que queria proclamar.

Êxtase então se inclinou para ele e levou a seus lábios a taça cheia de líquido embriagante que devia, por longo tempo ainda, inundar o coração do gênio dessa embriaguez que arrasta aos grandes sacrifícios, tornando-o apto à sublime renúncia de si mesmo por uma ideia na qual ninguém crê, exceto ele, fazendo-o surdo aos risos zombadores da multidão embrutecida que o rodeia.

Arrancando a taça vazia dos lábios do gênio, Êxtase elevou-se na atmosfera e pareceu fundir-se nos raios deslumbrantes que cercavam o trono do Eterno.

– E agora, arme-se duma armadura celeste o cavaleiro da santa mensagem e harmonizem nele todos os dons espirituais, porque ele pode ser muito bonito, forte e sábio, este que desce à Terra para levar as riquezas do Céu e lutar contra o mal – proclamou um arcanjo com voz retumbante.

A esse apelo, os anjos acorreram felizes, de

todas as partes, cercando o novo Mensageiro do bem e enfeitando-o ao máximo: revestiram-no com armas de brancura deslumbrante, ataram a suas espáduas asas tão leves como penugem, tão brilhantes como diamantes e que deveriam elevá-lo a regiões etéreas para ali repousar das torpezas e lutas terrenas. Enfim, eles o armaram de uma espada cuja lâmina era um relâmpago para cortar e destruir as sombras.

Quando ele veio em seguida se prosternar diante do Criador, este fixou com um olhar de amor seu puro e valente Mensageiro:

– Vá, meu filho, trabalhar na saúde de seus irmãos cegos. E para que os homens reconheçam que é meu enviado, porei sobre sua fronte uma estrela que o distinguirá da multidão.

Nesse momento, uma faísca se destacou do feixe de raios que emergiam do trono e veio se fixar sobre a fronte do Gênio, onde brilhou com vasta claridade, cercando sua cabeça duma auréola intensa.

Cheio de coragem, de energia e de ardente desejo de começar sua missão, o Gênio pegou sua espada flamejante. Como se dirigisse à saída, percebeu um grupo de seres luminosos que vinham ao seu encontro, sorrindo.

– Pare um instante, irmão – disseram eles. – Permita-nos lhe dar um beijo fraternal e incorporar a você os dons divinos dos quais somos representantes.

A Beleza se aproximou primeiro e o beijou. Viu-se o rosto do gênio iluminar-se duma graça imperecível, e seus grandes olhos refletiram a harmonia do Céu; depois a Verdade abraçou-o, e uma claridade transparente emanou de todo seu ser; a Caridade também se aproximou, abraçando-o:

– Você terá mais necessidade de mim que dos outros, meu irmão, junto aos homens ingratos e endurecidos.

Em seguida veio o Amor, exalando uma pura claridade e um calor vivificante, e disse:

– Compreenda-me em minha verdadeira concepção. Eu sou o sacrifício, eu sou o perdão, eu sou a abnegação; não se pode me enganar nem traficar comigo; não permito que me comprem ou que me vendam e, nos corações em que habito, sou uma lâmpada condutora que aclara o caminho para a Pátria Celeste. Sobre a Terra encontrará espectros mentirosos que levarão meu nome; mas você me reconhecerá, porque me viu e compreendeu a essência do meu ser. Oh! como sou denegrido sobre a Terra! Como sou desconhecido ali! E assim a venalidade, a hipocrisia, a baixa e a brutal paixão, todos se vestem de meu nome, todos afirmam que se chamam Amor...

O Gênio devolveu calorosamente o beijo que havia recebido do Amor.

– Juro, meu irmão, que pintarei na Terra sua verdadeira imagem, explicarei sua divina origem e, ousadamente, arrancarei a máscara dos falsos pregadores que ousam se coroar com seu nome.

– Agora você está armado – disse o arcanjo seu condutor. – Resta você escolher entre as filhas do céu a radiosa companhia que o sustentará na luta e adoçará seu exílio.

E ele designou com a mão a falange luminosa das artes que flutuavam diante deles.

O olhar embriagado do Gênio errou sobre as figuras encantadoras da Música, da Escultura, da Pintura e suas irmãs, depois, resolutamente, ele se abraçou à Poesia.

– É a você que eu escolho, a mais bela das filhas do Céu. Você que arrasta a alma às esferas luminosas, que descreve em letras de fogo as belezas do Paraíso e os abismos do Inferno.

– Tome! – disse o arcanjo seu condutor, estendendo uma pluma que retirou de sua asa. – Que a multidão frema ao suave ranger desta pluma de águia que condenará seus crimes, flagelará impiedosamente seus abusos e será o espelho incorruptível de sua feiúra moral.

– Obrigado. Serei forte e não me deixarei desencorajar nem pelo ódio, nem pelos obstáculos – respondeu o Gênio, abarcando com um último olhar a imensidade do Céu, cuja lembrança queria gravar em sua alma.

– Não me esqueça, irmão, e aceite o dom que lhe trago – disse-lhe uma voz doce. E um ser vaporoso, com contornos vagos e imprecisos, aproximou-se do gênio que o fixava surpreso:

– Você é quem?

– Eu sou aquele que sustenta o homem, quando a paciência, a coragem e a fé o abandonaram; eu sou a Esperança. Toma esta lâmpada cuja luz vacilante parece a todo instante querer se apagar; mas não tema, ela se reiluminará sempre com uma claridade deslumbrante e aclarará as sombras do caminho. Sem mim, nenhum ser suportaria a vida.

Com um sorriso de gratidão o Gênio tomou a lâmpada, ligou-a a seu peito e deixou o Céu. Frente a ele se estendia o infinito em seu esplendor indescritível, mas ele não podia agora se absorver nessa contemplação. Toda a sua atenção se concentrou sobre dois seres gigantescos, duma estranha e severa beleza, sentados num trono à entrada do Paraíso. Eram duas formas femininas: uma, pálida, impassível, vestida de negro, em seus lábios fechados um misterioso sorriso e em sua mão uma ampulheta. A segunda, serena, radiosa em seus véus duma brancura deslumbrante; um diamante cintilava em sua testa; na mão erguia uma balança.

— Aproxime-se, Gênio, Mensageiro Celeste, e contemple bem meus traços – disse ela. – Eu sou a Justiça, e você dificilmente me reconhecerá sobre a Terra. Apesar de meu nome estar em todas as bocas, minha efígie em todas as leis, é um espectro desfigurado, e não eu, que você verá. Os mesmos que me desfiguram acabam por blasfemar meu nome ou negar minha existência. Guarde bem minha lembrança em seu espírito para assegurar aos homens que eu mando na entrada do Céu e na barreira do Inferno... que em minha balança eu peso os elementos da virtude e do vício com o que se harmoniza cada alma. A virtude é leve, mas o vício é pesado e faz pender ao abismo o prato de minha balança. Eu não me vingo do crime, como me imputam na Terra; não condeno, mas também não agracio, absolutamente; não posso ser adocicada pela lisonja, nem comprada pelo ouro, porque cada alma é receptadora em si própria do instrumento que a suplicia ou da coroa que a compensa.

— Tentarei fazer entender aos homens sua verdadeira imagem, divina filha do Céu. Abençoe-me e sustente-me, a fim de que sua lembrança e a fé em sua existência estejam sempre vivas em meu coração – respondeu o Gênio.

– Minhas palavras serão o último adeus que lhe endereçamos do Céu – disse gravemente a segunda mulher, vestida de negro. Sou a Morte. Como minha irmã imortal, a Justiça, sou desconhecida na Terra onde me temem e fogem de mim; mas eu sou a consolação, a derradeira amiga do homem. Quando ferido pela maldade, inveja, calúnia, debatendo-se esgotado em agonia moral e física, eu venho com a mão compassiva fechar seus olhos fatigados e o adormecer em sono reparador. Ao seu derredor aparecerei quando, magoado em seus sentimentos, obscurecido pela ingratidão, aspirar ao repouso; se não posso curar sua alma, meu beijo o livrará do corpo que então será pesado como a grilheta do forçado.

Ela estendeu a mão e tocou com seu dedo gelado o peito do gênio.

– Agora vá. Eu o dotei do talismã da renovação eterna. Você será mortal.

Por um segundo a fronte do Gênio se obscureceu: podia ele, o Mensageiro Divino, fracassar em sua missão a ponto de aspirar a uma saída pela morte?!... Não, o bem deve triunfar ao mal e ele triunfaria!

Desdobrando suas asas poderosas, lançou-se à

frente, atravessando em rapidez vertiginosa o oceano sem limites do éter, no qual flutuavam como ilhotas, nebulosas colossais; o Gênio fixava o olhar deslumbrado na imensidão de sóis, dirigindo seu voo a um imperceptível átomo, vermelho como sangue, que turbilhonava quase perdido entre gigantescos planetas.

Logo o pequeno globo cercado de nuvens sombrias se desenhou distintamente e um estrondo surdo, entremeado de gritos agudos e discordantes atingiu os ouvidos do gênio. Súbito vapor negro e espesso se amontoou, barrando-lhe a passagem; a nuvem tomou a forma de uma pedra, um raio fulgurante jorrou e um ser estranho apareceu, fixando com um olhar ardente o Mensageiro do Céu. Seus traços bonitos eram acentuados por todas as paixões e sua boca se crispava numa expressão de indizível amargura; dois cornos iguais a chamas se erguiam em sua testa.

– Pare, insensato! Você quer ir à Terra para ser mutilado e destruído? – perguntou ele em voz surda e profunda.

– Não, é para caçar você, Satã, corruptor das almas, que eu desço do Céu! – respondeu o Gênio, levantando sua espada flamejante. – Recue, espírito das trevas! Diante da luz divina da qual sou Mensageiro, todas as sombras devem dissipar!

Satã sentou-se pesadamente sobre a pedra que

lhe servia de trono, e seu riso estridente e sinistro fez tremer a atmosfera.

— Você... você... quer me caçar!... Vê-se bem que você veio do Céu, onde se sonha com o impossível. Recue... Gênio! Eu repito. Recue enquanto é tempo, se não quer ficar como as Péris[1] que, não tendo cumprido suas missões, erram inconsoláveis entre o Céu e a Terra, perdidas por aquele e eternamente estranhos a esta.

Persiste?... Você tem a ideia da dificuldade em que está se metendo? Provavelmente o anjo Êxtase colocou em você lunetas róseas... Deixe-me conduzi-lo à Terra e mostrarei os Gênios que a guiam; se depois de os ter visto você se obstinar a declarar guerra, só você se acusará da série de suas imprudências.

— Guie-me, Satã, porque nisso você tem razão: para combater o mal é preciso conhecê-lo.

O Espírito do Mal aprumou-se em toda a sua altura, desdobrando suas vastas asas dentadas; uma nuvem negra sulcada de relâmpagos envolvia-o como um sobretudo. Num voo lento, ambos desceram, dirigindo-se a um círculo de nuvens vermelhas como metal incandescente; de seu interior escapava um crepitar sinistro, parecido ao de uma fornalha, de onde o Gênio já havia percebido gritos discordantes e agudos.

---
[1] Espíritos femininos da mitologia persa. N.T.

Quando franqueou, com seu condutor, a barreira de chamas, o Gênio se encontrou sob um imenso zimbório, ao centro do qual, sobre um montão de sacos e de materiais brilhantes e multicoloridos, estava sentado um ser gigantesco: seu corpo nu era de um amarelo intenso, e sua face brutal refletia todos os vícios; ao seu derredor, rastejando na terra ou adorando-o de joelhos, agitava-se uma multidão de seres nos quais era difícil, à primeira vista, distinguir traços.

– Quem é esse monstro? – perguntou o Gênio, parando espantado.

– É o dinheiro, o soberano autocrata da Terra, e seu poder quase se iguala ao meu – respondeu Satã, inclinando-se profundamente diante de seu co-regente.

– Que devo fazer para agradar-lhe e obter dele um dom celeste que me ajude na missão? – perguntou o Gênio, assustado e indeciso.

Um enigmático sorriso perpassou nos lábios do demônio:

– Para agradar a ele deve lhe votar uma adoração absoluta, sacrificando-lhe qualquer sentimento. Deve fazer dele seu Deus, sua consciência e sua vida; em troca, ele o dotará dum encanto fascinante que curvará diante de você as cabeças mais rebeldes; aquele que se aproximar de você, rastejará, adorando-o; se você é feio, admirarão sua beleza; se é acanhado de inteligência, cantarão o seu espírito; se é covarde, proclamarão sua bravura; se é criminoso, aplaudirão suas virtudes. Em uma palavra, é um talismã. Se você o obtém, dará a você toda a Terra: amor, justiça, estima, descanso... E aí poderá até comprar a absolvição de seus pecados...

– Ei, intruso! Que está fazendo aí me olhando? De joelhos! E sacrifique em meu altar, se não quer se tornar em meu reino o último dos párias! – gritou nesse momento o monstro, e sua voz troante abalou a abóbada.

– Não, jamais me sacrificarei ao seu poder, monstro odioso! – respondeu o Gênio recuando cheio de horror.

– Então farei reconsiderar o que me disse em suas entranhas famélicas! Miserável, abandonado, esmagado sob meu peso, voltará a mendigar meu perdão! – rugiu o ídolo, dardejando seu luminoso antagonista com um olhar odioso.

Satã abanou a cabeça:

– Você vai ter muito que fazer, meu Gênio, por colocar sua ameaça em execução cara-a-cara... Para extirpar o veneno com que Êxtase encheu sua alma, muitos esforços serão necessários. Venha! Vou lhe mostrar os servidores do grande Deus contra os quais terá de lutar... Você fez mal em desafiar tão abertamente o soberano de todos os povos da Terra...

– Mas ele é a incorporação de todos os vícios! Seus dons são de mentiras ditadas pelos mais baixos instintos – exclamou o Mensageiro do Céu.

– É verdade, mas o mundo se alimenta dessas mentiras – disse Satã numa risota –, o mundo subsiste com elas...

Designando um grupo de seres odiosos, envolvidos em vapores negros:

– Quem são aqueles? – disse o Gênio, estremecendo ao contato com os eflúvios glaciais que exalava o grupo repelente.

– São os Gênios da Terra. Deve dar-lhes o beijo fraterno e tratar de conviver com eles, pois no curso da missão que empreendeu, manterão contato diário, e a benevolência deles vai ser mais útil que o seu ódio.

Os nojentos gênios acorreram, cercando o Mensageiro Celeste e seu condutor, fixando-os curiosamente.

– Estão espantados de nos ver juntos – disse Satã de bom humor. – Não trema, amigo Gênio; eu sei que, habituado ao clima do Paraíso, você está tiritando de frio, mas deve se acostumar à temperatura do sítio onde quer trabalhar... Agora vou apresentá-lo a estes amáveis personagens: este robusto velho armado de uma foice é o Assassinato, acompanhado de seus filhos: Parricídio, Fratricídio, Infanticídio e o Suicídio. Esta dama descarnada é a Avareza; ela dá o braço à sua irmã, a Hipocrisia; habitualmente elas operam juntas. A velhinha amarela e decrépita ali à esquerda é a Inveja; se ela não fosse imortal, há muito tempo teria devorado a si mesma; já que não pode, distrai-se a excitar a mulherona cega, de cabelos desgrenhados e rosto furibundo, que ela conduz na trela e que se chama Vingança. Mas aqui está um dos mais perigosos adversários que terá de combater: esta espécie de réptil com cabeça de cobra e corpo de escorpião, que rasteja, tanto se encolhendo, mudando de forma, de cor, tanto aumentando até o céu como um gigante, é a Calúnia. Eu o previno de que ela se empenhará em agarrá-lo e, se escapar a seu abraço mortal, apesar da espada flamejante que você carrega, ela fará com que a espada emperre no momento mais necessário. Quanto a pessoas importantes, resta-me apresentá-lo à Luxúria; você vai encontrá-la em todo lugar da Terra. Quanto ao resto do povo, são pequenos vícios primos dos primeiros, como a chantagem, a gulodice, o perjúrio, a usura, o roubo, o egoísmo, a mentira, etc. Nem vale a pena apresentá-los em particular.

  O Gênio estava assombrado, respirando com dificuldade; os eflúvios gelados, acres, fedorentos de seus recém-conhecidos quase o asfixiavam. Ao contrário, os Gênios da Terra pareciam se sentir bem. Estendiam mão amiga ao Enviado do Céu, persuadindo-o a fazer causa comum com eles.

– Você é tão leve, tão diáfano... quase um raio de luz!... Como vai lutar contra nós?! Vamos fazer uma aliança o quanto antes... Logo vamos fazê-lo entrar "na nossa" e iniciá-lo em delícias desconhecidas.

– Você não conhece a embriaguez que inspira o aroma do sangue derramado, da vingança satisfeita, ou quais sensações faz fruir o amor proibido – explicavam-lhes os vícios. – E depois, não fique chocado com os nossos nomes; na Terra trazemos nomes honrosos, até nome de virtudes! Assim, a Luxúria se chama amor; a Avareza é sábia economia; o Assassinato em massa é a guerra pelo bem da pátria; a Hipocrisia é piedade e desprendimento do mundo; a Embriaguez, um consolador dos momentos penosos; o Infanticídio, sacrifício de si mesmo provocado pela vergonha e a modéstia. Em uma palavra – você se encontrará em tão boa companhia que vai pensar não ter abandonado o Paraíso.

O Gênio, que escutava mudo e consternado, recuou vivamente:

– Não, eu não quero suas amizades. Vim para destruí-los e lhes declaro guerra!

Vendo-o brandir sua espada flamejante, os Vícios recuaram, estupefatos com sua audácia, mas Satã soltou uma gargalhada:

– Você está mesmo cego, belo Mensageiro...

como todos os que vêm do Céu. Quem, dentre os homens o escutará? Você quer destruir seus gênios domésticos... Quando for viver na Terra, eu o aconselho a ler um livro de um escritor espiritual que conhecia os homens. Seu herói se chama Dom Quixote: é um temerário a combater moinhos de vento. Vai ser boa essa leitura, instrutiva. Por um momento mais, venha. Vou mostrar as principais capitais do mundo civilizado. Lá se concentra pouco a pouco tudo o que você quer combater; tudo converge aos grandes centros, e poderá ali observar a vida desde o primeiro degrau da escalada até o cume.

– Mostre-me os lugares sagrados dos homens, suas igrejas! Quero orar e me retemperar após tudo o que acabo de ver e ouvir – pediu o Gênio.

– Perfeitamente! Vou conduzi-lo a uma cidade santa. Encontrará ali igrejas às centenas – respondeu Satã todo complacente. Isso vem a propósito – ajuntou Satã dirigindo seu voo a uma vasta cidade pitorescamente construída sobre muitas colinas. – Vai ver uma grande festa religiosa sob a égide de São Pedro!

Penetraram no vasto edifício cheio de uma multidão compacta, assim como a praça que a precedia; através de fileiras de espectadores comprimidos, avançava solenemente uma procissão, e, sobre um trono móvel, cercado de portadores de abano, como aqueles de um faraó egípcio, estava assentado um homem trazendo à cabeça uma tiara brilhante.

— Ah! É sem dúvida um imperador que se coroa ou que se leva em triunfo? disse o Gênio com interesse.

— Nada disso. É o Vigário do Cristo, o chefe da igreja católica.

— Impossível! Nosso Senhor Jesus pregava a humildade e a pobreza. Andava de pés no chão, não tinha uma pedra onde repousar a cabeça e trazia a coroa de espinhos do mártir. E seu vigário se senta sobre um trono, trazendo sobre a cabeça uma verdadeira tiara de ouro e pedrarias?... Que significam essas três coroas e as chaves bordadas que se veem sobre seu assento?

Satã sorriu astuciosamente:

— As chaves abrem ou fecham as portas do Paraíso, segundo o bem querer do pontífice, e as três coroas significam que ele reina sobre o Céu, o Inferno e a Terra. Mas não fique assim sobressaltado! Essa presunção é inocente e sem consequências; no Céu, você o sabe por experiência, duvida-se haver aqui um representante das altas esferas; sobre a Terra se lhe amputa cada dia um pedaço de seu poder e somente os tolos creem ainda que podem comprar por dinheiro, junto ao Papa, a remissão de seus pecados. Para aquele que está no Inferno, ele goza, é verdade, de uma certa autoridade, mas como meu aliado, a armada dos padres que ele comanda fornece um contingente considerável de meus vassalos. Esses milhares de homens que fazem voto de pobreza são de uma inconcebível avidez e sabem tudo na arte de juntar milhões. Entre eles todos os vícios florescem. E o previno de que esses homens serão seus piores inimigos, pois eles têm monopolizado as verdades que você vem pregar com tanto empenho. Você não sabe que eles têm restrições estabelecidas? "Muito saber prejudica" é a divisa deles; então vão persegui-lo enquanto vivo, mas após sua morte talvez eles façam de você um santo, visto que a pessoa já não pode mais prejudicar... e vender restos de um santo é lucrativo...

– Que horror! Vamos embora, eu já vi muito por aqui! – exclamou o Gênio.

Mas como ao se elevar passassem em voo rasante por um bairro de ruas estreitas, sujas, sombrias, à entrada do qual, sobre uma porta enferrujada, estava escrita a palavra "Gueto", o Gênio perguntou o significado.

– Gueto é o bairro onde se encerram os judeus, um povo impuro, que todas as nações odeiam, caçam e evitam com horror – respondeu Satã.

– Que se torna então a fraternidade pregada por Nosso Senhor?

— Ela é proclamada somente, mas não praticada, o que é perfeitamente lógico ao homem. Assim, esses mesmos cristãos têm por santos os judeus que eles adoram nas igrejas, mas desde que encontrem um na rua, jogam-lhe pedras.

Silencioso e entristecido, o Gênio seguiu seu guia e logo viram aparecer num risonho vale uma cidade imensa e soberba, cheia de vida e animação.

— Eis uma residência que me agrada: é a capital do povo mais rico e mais espiritual do Velho Continente. Mas sua vivacidade e seu espírito versátil atraem a esses coitados dissabores bem desagradáveis; enquanto querelam entre si, outros os roubam. Sua mania de ridicularizar tudo provoca as mais estranhas anomalias. Assim eles negam Deus sob o pretexto de materialismo; fazem pouco da honestidade e da virtude, cantam em verso e prosa as maiores torpezas e chamam isso tudo materialismo.

— Vamos, vamos, não posso ver esses infelizes cegos — gemeu o Gênio tapando os olhos.

— Não se apresse tanto — troçou o demônio —, pois existe aqui ainda muita coisa interessante.

— Não! Não! Eu não quero ver mais nada desta cidade horrorosa.

— Ah! ah! ah! Quer levar luzes a essas pessoas,

curar-lhes os vícios, se apenas os vê e se desvia com horror? Que vai ser quando tiver de falar com eles e gostar de sua lógica? Eu, Satã, me perco às vezes... Assim, veja esta triste e escura casa com janelas gradeadas – é uma prisão. Fecham-se os pobres diabos que roubaram um pão, arrastados pela fome, ou mataram embrutecidos pela embriaguez. Enfim, todos aqueles que contrariaram a lei, a justiça humana condena e alguns são deportados para as colônias longínquas para ali morrer miseravelmente. E este senhor que passa em uma carruagem de luxo atrelada com cavalos puro-sangue é o chefe de uma sociedade industrial. Milhares de coitados lhe confiaram suas economias que ele embolsou para declarar em seguida que o negócio faliu, desaparecendo com os milhões dos acionários. Após alguns anos de ausência ele reaparece mais rico e mais honrado que nunca; suas próprias vítimas sentem respeito por tanta audácia e não arriscam chamá-lo de ladrão. Não! – é um gênio comercial!

Nesse momento, o Gênio parou sob uma construção no frontão da qual estava escrito em letras de ouro: "Liberdade, Igualdade, Fraternidade". Um sorriso de alegria e triunfo aclarou seu rosto.

– Vê, Satã, e ruborize com suas mentiras! Um povo que hasteia uma divisa semelhante não pode praticar a injustiça e outros vícios que você lhes imputa.

Satã alisou sua barba de ébano e, após um instante de silêncio, respondeu com uma singeleza trocista:

— Com que facilidade você me chama de mentiroso! Mas eu lhe perdoo. Em sua celeste ignorância você não sabe que existem palavras de uma tal elasticidade que se aplicam a tudo o que se quer e pode-se mesmo desnaturar seu sentido primitivo, sem que ninguém ouse criticar isso. As três palavras que tanto o entusiasmaram são dessa categoria e, mesmo que o bom povo desta região tenha derramado torrentes de sangue para estabelecer em sua casa a liberdade, a igualdade e a fraternidade, ele não se vangloria dos resultados obtidos, bem entendendo o seu ponto de vista, Gênio.

— Eu não compreendo como tão sublimes princípios possam trazer o mal.

— Vou me esforçar para lhe explicar isso. Olha! Este país era outrora um reino; no curso de longos séculos teve bons e maus monarcas, pois eram homens sujeitos às fraquezas e ao erro, mas amavam sua pátria e eles a fizeram grande, gloriosa e possante. Mais tarde, uma tenebrosa associação fomentou uma revolução; cansaram-se da tirania real e para conseguir a liberdade começaram por decapitar seu rei, sua esposa e milhares de pessoas. Sem considerar sexo e idade, afogaram, queimaram, devastaram, e em lugar da antiga nobreza se instalou a ralé do povo. Um segundo resultado da febre de liberdade que abrasou os cérebros foi abrir o país aos judeus, raça impura e viciosa, a qual, como uma lepra, invadiu e gangrenou todo o organismo desta bela França. Quase após produzir um São Luis, um Henrique IV e outros tantos heróis, curvou-se docilmente sob o jugo de um déspota que tem o nome de "aliança israelita" e daí é que o primeiro ministro da França é o grande rabino... Por enquanto, a bela divisa gravada sobre esse frontão se pratica dessa forma original...

Satã estendeu a mão, e o Gênio percebeu uma rua muito estreita. Lá, uma casa cercada de agentes de polícia, em cujo redor se amontoava uma porção de gente:

– Veja! Lá mora um cidadão livre. Somente que não se permite ter sua opinião sobre questões sociais e religiosas. Por isso ele está sitiado, será preso e o tratarão como criminoso porque ele ousa se dizer nacionalista, reclamando a França para os franceses. A igualdade e a fraternidade floresceram da mesma maneira na França, mas não para os franceses; os judeus reclamam como seu monopólio, isto é, "eles" são iguais a todos, mas ninguém é seu igual; sua religião deve desabrochar ao Grande Sol, mas a dos nacionais deve ser destruída e extirpada sob o pretexto de obscurantismo.

– E o povo sofre tudo isso?

– O que você quer? Ele é ingênuo e simples, e por essas qualidades se parece com um outro povo, os Ursos Brancos, aos quais eu o levo mais tarde. Não é em vão que esses dois povos são aliados.

– Que exagero, Satã! Só para me assustar e me desencorajar! – exclamou o Gênio.

– Vai ter certeza disso quando estiver encarnado. É para que você escolha com conhecimento de causa sua futura nacionalidade que lhe mostro todas estas capitais. De resto, na cidade colossal há muitos milhões de homens; aonde vou conduzi-lo agora você não gostaria de nascer; a metade do ano está mergulhada em espesso nevoeiro; um povo de mercadores a habita e o seu interesse celeste se sentiria ali bastante incomodado. Uma originalidade deste povo é que somente dez mil habitantes têm direito de viver bem e de serem olhados como homens.

– Grande Deus! Que ferocidade! Que fazem então os outros homens?

– O que querem. Também você se equivoca tratando esses peninsulares de ferozes – são muito piedosos. No domingo só leem a bíblia. É justo dizer que o resto da semana não têm escrúpulos em envenenar com ópio ou deixar morrer de fome populações inteiras. Resumindo, é o povo mais fastidioso entre os povos fastidiosos do universo.[2]

---
[2] O autor nasceu na Inglaterra (1647 a 1680). N.T.

– Penso que poderíamos nos dispensar de visitá-los. O que me diz é o suficiente – fez o Gênio com desgosto.

Um agradável sorriso clareou a face de Satã.

– Começo a constatar que seu espírito está se clareando, belo Mensageiro. Também me contentarei em fazê-lo atravessar a capital dos dominadores dos oceanos. Assim eles próprios se intitulam, esses insulares. Mas é impossível poupar você de uma ida à casa deles, pois no domínio do mal que você vem combater eles têm um papel tão preponderante que sua aliança com os Gênios da Terra, apresentados ainda agora, é tão íntima, que é indispensável fazer esse conhecimento antes de empreender sua louca cruzada.

O Gênio suspirou, mas, sem protestar, seguiu seu guia, que avançava em voo mais rápido.

Abaixo deles, estendiam-se terras férteis, admiravelmente cultivadas, entremeadas de cidades florescentes; em seguida, atravessando um braço de mar, logo apareceu um colossal amontoado de casas cortado por um raio sulcado de numerosos barcos.

Magníficos prédios de antiga arquitetura se elevavam aqui e ali; tudo respirava riqueza e orgulho – essa impressão aumentava ainda pelo ar de festa que reinava por todo lado; as casas estavam embandeiradas e um povaréu compacto enchia as ruas. Mas, à medida que os dois viajores aéreos se aproximavam, o quadro perdia sua beleza, os ruídos discordantes se elevavam e, sobre as faces brutais e avermelhadas, lia-se uma singular mistura de triunfo e de ferocidade rancorosa. Por um instante, uma furiosa agitação pareceu se apoderar da multidão; em alguns lugares quebravam-se janelas com pedradas; em outros tentavam forçar portas cerradas; em outros ainda o povo se precipitava sobre diversos indivíduos, moendo-os de pancadas e quase se tentou dependurar um num poste.

– Meu Deus! Que significa tudo isso? – perguntou o gênio aturdido. – As casas enfeitadas devem indicar uma festa, mas os atos de violência indicam uma revolução!...

– Não se engane, amigo Gênio, celebra-se aqui uma grande vitória: o livramento de uma cidade longamente sitiada. Veja: os insulares empreenderam uma guerra longínqua, a qual lhes trouxe mais espinhos que lauréis; somente seu orgulho não permite saber disso. Em lunetas róseas cada vantagem fútil é tida como vitória, quebram-se vidros e se sovam imprudentes que ousam dizer bem alto que a guerra é iníqua e feita desprezando-se os direitos humanos. Oh! – continuou Satã com um risinho satisfeito – eu aqui, agora, sou o mestre, e meu filho pequeno, a Mentira, aí é vice-rei e não lhe falta trabalho: pronuncia discursos, passa telegramas, faz soar um ferro velho e vomita bílis sobre tudo o que se aproxime. Mas vamos embora – isso é se retardar com bagatelas. É no lugar mesmo de suas façanhas que nós vamos ficar e lá poderá você admirar meus protegidos em todo o fulgor de sua glória.

E Satã retomou seu voo. Abaixo deles logo apareceu um vasto porto cheio de navios. Em alguns deles embarcavam tropas, mas seu aspecto era pouco belicoso e era quase de mau humor que os homens de ar enfadado e descontente subiam a bordo.

– Mas esses soldados não estão muito entusiasmados – observou o Gênio.

– Mas por que seria isso? São mercenários alugados para se bater, e o resultado da luta pouco lhes interessa.

Um trejeito de indizível ironia desabrochou na face do demônio quando ele continuou:

– Ah! Se você visse partirem as primeiras tropas! Ah! Ah! Foi um delírio! Iam guerrear vinte contra um; iriam recolher um mundo de vitórias e de aplausos. Mas daí compreenderam que aquela gente da ilha paga mais com bofetadas que com dinheiro. Veja com que desprazer eles embarcam. Quanto à glória... está resfriada neste país de nevoeiros, e as pessoas se abstêm de toda participação nessa campanha, obstinadamente. Consegui isso com dois dos meus geniozinhos, a Crueldade e a Má-fé, muito meus amigos.

– Contra quem, então, meu Deus, essa luta ignóbil de vinte contra um se empenha?! – exclamou o Gênio, cheio de indignação, tremendo.

– Contra um povo[3] de cultivadores que ganhará, certamente, todo seu coração, Gênio, pois eles fazem a besteira de viver segundo os preceitos que você vem pregar, isto é, um povo piedoso, simples, honesto, ativo, que defende sua liberdade e sua pátria com a coragem de um leão. Já estamos aqui: olhe os frutos de uma guerra conduzida por um povo que se considera modestamente o mais humano e civilizado da Terra.

Diante dos olhos dos invisíveis visitadores estendia-se agora uma planície devastada, semeada de ruínas fumegantes, de cadáveres de jovens e animais. Ao longe se percebia uma casa ainda intacta; ali ainda era uma granja bem cuidada, com ordem, limpeza e conforto. No momento em que ambos ali chegaram, era meia-noite, havia paz e os moradores da casa estariam dormindo.

– Olha os preguiçosos que vão acordar assustadinhos e vão compreender que não é bom dormir quando meus protegidos estão de mau humor! – troçou Satã, apontando ao seu companheiro um forte destacamento

---

[3] Eles se referem à guerra da Inglaterra contra a Índia, Egito, Turquia... O Tratado de Paris, em 1763, consagrou a preponderância inglesa na Índia e na América. Ingleses se instalaram no Egito em 1882.
Em 1919 os turcos lutaram contra o desmembramento de seu país pelos aliados. Pelo Tratado de Utrecht (que são alguns), a Inglaterra recebeu importantes bases marítimas: Gibraltar, Minorca, Terra Nova, Acadia. 1713-1715. N.T.

de tropa comandado por dois oficiais que silenciosamente cercaram a casa. Quando o cerco foi completado, um soldado se aproximou da porta e bateu violentamente; alguns gritos se escutaram no interior, uma velha surgiu na soleira semi-vestida e sobressaltada.

– Sai todo mundo daí já. Damos cinco minutos para que embalem suas coisas pra deixar a casa. O tempo está passando e vamos pôr fogo nos quatro cantos da casa! – gritou brutalmente o soldado.

Quem pode descrever o que se passa então? O espanto, o morno desespero, os gritos e o choro das crianças, as súplicas das mulheres e de alguns velhos caçados seminus em suas camas pela soldadesca desumana que, descaradamente, pilhava tudo que representava algum valor diante dos olhos bestificados dos moradores, incapazes de nada juntar no prazo irrisório que lhes davam.

Um quarto de hora mais tarde, todas as construções queimavam com grande satisfação dos gloriosos vencedores, que riam e apupavam suas vítimas soluçantes, despojadas de todos os seus haveres.

Nesse momento, evadiram da casa incendiada duas pessoas, que evidentemente ali estiveram escondidas até aquele momento: um era um jovem alto, visivelmente ferido, pois seu braço e sua cabeça estavam bandados e uma jovem mulher, que pálida como a morte, agarrava-se a ele.

O jovem tinha um fuzil na mão também ferida, o que o impedia de usar a arma. Percebendo isso o oficial ordenou, furibundo, que o matassem: fogo no rebelde!

– Piedade! Ele está ferido... ele se rende – gritou a mulher cobrindo o companheiro com o próprio corpo. Mas muitas balas atingiram o jovem par, matando a mulher sobre o peito de seu marido... e os dois tombaram ao mesmo tempo.

Sem mais se preocupar com eles, os soldados, sob a ordem dos chefes, amontoaram em um furgão todo o resto dos prisioneiros e o sinistro cortejo partiu.

O Gênio se sentiu petrificado de horror vendo essa cena cruel de selvageria. Segurou a cabeça com as duas mãos e perguntou:

– Satã, você não está me enganando com algum artifício? É impossível que um povo cristão faça semelhante guerra a outros cristãos. Eu ouvi esses desafortunados invocarem o nome de Jesus...

Satã estourou uma grande gargalhada:

– Eu acredito mesmo que eles são cristãos. Têm uma fé tão robusta que poderiam forçar o Céu a ajudá-los! Eles praticam também as regras do Salvador: são caridosos, generosos e humanos. E portanto, no Paraíso de onde você veio, você ainda não compreendeu os queixumes desses heróis, seu apelo à divina justiça. Por enquanto, o sangue inocente corre, a fumaça e o grito vão até o Céu. Mas como são surdos por lá... a grande deusa Justiça não se apressa em lançar sua espada sobre o carrasco, para a defesa do fraco. De resto, isso não me diz respeito, é de sua alçada, Gênio Celeste.[4]

— Mas e a causa dessa luta ímpia? — balbuciou o mensageiro do céu.

— Simples! Esses obstinados cultivadores têm a chance, ou a má chance, de possuir minas de ouro que meus protegidos desejam açambarcar. E como são muito práticos e têm sacudido desde longo tempo os preconceitos idealistas, vão direto ao objetivo. Se para o alcançar é necessário matar alguns milhares de homens, destruir mulheres e crianças dos ditos rebeldes, a fim de cortar o mal pela raiz, nada os deterá.

— Senhor! Senhor! E estes são os cristãos que sacrificam ao ouro, à avidez, todos os princípios de fraternidade, de caridade pregados pelo Salvador?! — gemeu o Gênio.

Satã soltou uma risadinha estridente:

---
[4] A ideia da Reencarnação como Justiça Divina ainda é aceita por poucos. N.T.

— Oh! amigo Gênio, você é cego, como o Céu de onde você vem... e esquecido também. Esqueceu a dama Hipocrisia? Sob seu lindo nome terrestre ela lê a bíblia, festeja o domingo e proclama a "letra", não o espírito dos grandes princípios pregados pelo Salvador. Depois disso, o rebanho de seus fiéis se crê em regra com o Céu e nada os impede de velar por seus interesses. E como eles têm interesses, esses caros insulares! Não apenas um canto do universo, não apenas um país do mundo eles consideram seu domínio. Também toda veleidade dos outros em ter interesses próprios é considerada por eles uma ofensa pessoal! Mas vamos embora. Se fico dando detalhes de todos os méritos desse povo de elite, a fineza artística de suas intrigas, o sem-cerimônia grandioso de seus procedimentos, sua generosidade em assalariar os traidores e rebeldes, seria um nunca acabar.

O Gênio nada respondeu; enfraquecido, cabeça baixa, seguia seu guia. Este se divertia zombando dele, mostrando-lhe toda uma série de cenas que o faziam estremecer. Granjas pilhadas e incendiadas pelas hordas de negros selvagens; um campo de batalha onde os soldados do povo mais civilizado acabavam matando os feridos; um campo de prisioneiros guardado por sentinelas – mas esses prisioneiros eram mulheres, velhos e crianças extenuados, doentes, morrendo de fome pela privação das coisas indispensáveis à vida...

Cada vez o Gênio velava seus olhos com a asa, e um frio glacial percorria seu corpo diáfano.

De repente, o Gênio parou, como que enraizado. E designou com a mão uma aldeia sombreada de palmeiras, em cujas ruas e casas se desenrolava um espetáculo pungente e odioso. Pessoas magérrimas, numa apatia de desespero em seus rostos lívidos, estavam estendidas ou encolhidas diante de suas cabanas ou ao longo do caminho; entre esses agonizantes, alguns estavam mudos, outros gemiam baixinho e viam-se numerosos cadáveres.

Um homem avermelhado, seguido de numerosos servidores atravessava lentamente o lugar de desolação: nenhum sinal de piedade iluminava seus olhos embaciados e frios; seu rosto longo, emoldurado de suíças bem ruivas, parecia petrificar-se numa altaneira indiferença; as mãos trêmulas que se estendiam em sua direção eram-lhe totalmente indiferentes!...

– Explique-me, Satã, o que se passa aqui. Quem são esses infortunados que parecem morrer de fome e esse homem desumano, que é capaz de contemplar de olhos frios semelhante miséria, com tais sofrimentos? – murmurou o Gênio, tremendo.

O demônio fixou-o com olhar sonso:

– Esses infortunados são os hindus, um velho

povo amolentado que habita uma das colônias do império insular; está havendo em sua casa uma dessas periódicas penúrias que dizimam a população. Morrem um milhão ou mais e eis tudo. Eles assim ganham o Céu, belo mensageiro. E você deveria saber melhor que ninguém que se ganha o Paraíso pelo sofrimento. Quanto ao belo cavalheiro que injurias sem razão, é um delegado da caridade governamental, um comissário que faz uma vistoria para se assegurar do estado da população, a fim de regular a distribuição de socorros...

– Mas isso é zombaria... esperar que essa gente morra para lhes decretar socorros! E por que há dessas penúrias periódicas? O país parece rico e deveria produzir em abundância – repreendeu o Gênio.

Satã alisou sua barba – tão negra que chegava a ser azulada – depois observou num tom escarnecedor:

– "Deveria" produzir! Hum... talvez produzisse se o povo fosse menos sobrecarregado de impostos, se não fosse sugada tão cuidadosamente a riqueza da colônia em proveito da metrópole.

– E são sempre os queridos insulares, seus protegidos, que trabalham para arruinar este país e fazer perecer de fome milhões de homens?! – exclamou o Gênio com cólera.

– Vê-se bem, Gênio, que não compreende a política: a metrópole tem necessidade do ouro para suas especulações, e seus honoráveis filhos, que sacrificam as raças inferiores para administrar, são remunerados como príncipes; os insulares não se afetam em ver arrebentar esses seres impuros e inferiores. Tudo é natural; em seu nobre orgulho eles não admitem os direitos humanos senão a eles mesmos; os outros são parasitas que a gente esmaga, se incomodam. Mas venha cá! Se vai ficar plantado assim tanto tempo, onde qualquer coisa o choca, esta vistoria não vai mais acabar! Por isso eu quero, de fato, mostrar-lhe ainda dois novos vizinhos muito interessantes. Um, onde iremos primeiro, é aliado dos meus caros insulares; somente a amizade deles é que eu amo e protejo, pois cada um dos dois amigos espreita o momento favorável para agarrar seu aliado pela garganta, ou ao menos para lhe morder as partes moles.

– Aliados exemplares e que se equivalem! – fez o Gênio ironicamente por sua vez. – Mas me diga, Satã, esse povo para onde está me conduzindo tem a pretensão de ser um paradigma da civilização cristã?

– Por minha barba e por todos os Gênios da Terra ele ainda me pergunta! – exclamou o demônio. – Creio bem que ele tem essa pretensão, esse povo de elite! Seus filhos trazem o nome soberbo de Kulturträger[5] da civilização; têm a convicção de que todos os povos do Universo lhes devem pelo seu progresso intelectual, e

---
[5] Kulturträger: bagagem cultural. N.T.

todos são obrigados a um reconhecimento sem limites. Quando põem o pé em um país selvagem, ali se faz a luz! Assim já há algum tempo, um de seus comissários fez na África tais milagres de civilização que centenas de negros morreram de admiração! Atualmente se preparam a levar a ordem e a felicidade de uma civilização cristã a um velho império asiático muito atrasado, para doar nome exato às coisas, e eles são bastante impertinentes para quererem ser senhor em casa dos outros.

– E é com esse propósito que estão fazendo guerra a esses asiáticos?

– Não abertamente; um feliz acaso deu-lhe um pretexto plausível. Portanto, não posso calar a você, amigo Gênio, que o pretexto foi achado depois de longo tempo, porque esse povo é muito belicoso; e, nesse ponto, suas crianças masculinas, desde que ponham os primeiros dentes, são arrolados na armada. O sonho deles é fazer do mundo uma caserna e anexar tudo o que possam atingir, porque depois dos judeus, é a nação mais voraz e presumida. Chegamos. Veja – está sendo celebrado o serviço divino que precede o embarque. O padre pede a bênção do Céu à bandeira e aos soldados.

De olhar meio triste, meio curioso, o Gênio abarcou o quadro realmente grandioso que ali se estendia. Era uma cidade portuária; sobre as vagas balouçava uma imponente flotilha e, sobre uma vasta esplanada, comprimiam-se numerosas tropas, cujo ar marcial e disciplinado contrastava vigorosamente com a apatia e a má-vontade dos soldados insulares.

– Quem é o oficial com ar enérgico e altaneiro que parece arengar às tropas? – quis saber o gênio.

– É o rei, um homem de sólida piedade o qual às vezes celebra o serviço divino. Escute seu discurso. É o resumo em prática da teoria que ele professa.

Posto em desconfiança pela malícia que brilhava nos olhos do demônio, o Gênio escutou atento as palavras cheias de fogo do Chefe de Estado, o qual, com voz retumbante, estimulava os soldados a se bater com tal vigor que o medo encheria o coração dos selvagens asiáticos e que em mil anos ainda a palavra "teutão" os faria tremer. Na batalha, nada de feridos! Nada de prisioneiros! Kein pardon!![6]

– Muito bem! Eis um discurso bem sentido que, certamente, eletrizará os soldados, levando-os a façanhas completamente superiores. Lógico! – exclamou o demônio; depois, batendo na espádua do Gênio, ajuntou fazendo troça:

– Vá, vá, amigo, e pregue a esse príncipe Cristão a caridade, a piedade, o amor ao próximo, a fraternidade

---
[6] Kein pardon!: nada de perdão! N.T.

– é um bom momento. E que triunfo o seu de começar sua missão em país tão nobre!

O Gênio nada respondeu. Muito emocionado, cobriu os olhos com a mão. Um frio intenso subia da Terra até ele, era um fluido glacial que exalavam todos aqueles homens com coração frio e egoísta, governados somente pela ambição e pela rapacidade, esquecendo que ao lado de cada um, fosse rei ou servo, está a Morte, para pôr fim a todas as ambições.

A voz chocarreira de Satã arrancou-o às suas reflexões:

– Está demorando com essas vãs reflexões, Gênio. Siga-me e vamos ver de perto as façanhas dos bravos guerreiros animados por tão piedosas exortações!

Quase maquinalmente o pobre Gênio se deixou levar.

Por cima de uma cidade imensa, com arquitetura original, o Mensageiro Divino e seu guia pararam.

– Eis a capital chinesa, mas passa um mau momento – murmurou Satã, designando diversos lugares visivelmente devastados por incêndios e bombardeios. De diversas direções avançavam os destacamentos de soldados conduzidos por homens vestidos de negro.

– Esse são os padres – suspirou o Gênio, aliviado.

– Sim, sim... os missionários! respondeu Satã, medindo a cena com um olhar divertido. – E por que você crê que esses pioneiros da fé em Cristo acompanham os soldados?

– Pergunta esquisita! Naturalmente para acalmar seus instintos ferozes, para pregar-lhes a piedade, para consolar os feridos e os que vão morrer, em uma palavra, para impedir toda violência no ardor do combate.

– Ah! ah! Como você é bobo! Os corajosos missionários designam a seus compatriotas as mais ricas casas para pilhagem, tendo tido ocasião de anotar isso durante o curso de sua piedosa missão.

– Você está mentindo, Satã. Os servidores do Cristo não cometeriam uma infâmia assim! – exclamou o gênio, vermelho de indignação.

– Ah... em vez de se irritar, veja isto: ele conhece não somente a casa mas também os bons lugares onde se escondem os tesouros; vai ver ele foi acolhido nessa casa. E esse velho chinês que é dono das belas coisas que roubam, é o proprietário do lugar; alguém fará o velho correr a chicotadas até a caserna dos vencedores, e, depois, em agradecimento à sua dor, se lhe plantará uma bela bala na cabeça. Eu conheço esse engenhoso processo por tê-lo visto em execução, mas vou poupá-lo... você tem tantos preconceitos! É melhor você ver esta praça. Vão executar alguns mandarins.

– Qual o motivo?

– Patriotismo intempestivo, ora... e, além disso, como vítima expiatória. Veja! A população exasperada matou um embaixador que, prevalecendo-se de sua inviolabilidade, desafiou-a impudicamente. Pois bem! O soberano, cheio de mansuetude, cuja divisa é "kein pardon", exige em reparação desse ultraje. Tantas cabeças chinesas quanto o embaixador tenha tido em fios de cabelos na cabeça. E até que ele é bom – não contou os pelos de seu bigode!...

Nesse momento, o gênio soltou um grito:

– Deus poderoso! Na primeira fila de espectadores estão os padres! Os ministros da paz e da misericórdia se saciam com o espetáculo de execuções?! Oh, Satã! Por que me mostrou tudo isso? Vamos fugir daqui, eu não quero ver mais!...

E, como um raio, ele se lançou no espaço. O demônio o seguiu rindo ruidosamente.

– Pare, pare, não posso ir tão depressa!

Logo alcançou o Gênio que tinha ralentado seu voo.

– Vejamos, acalme-se, belo Mensageiro, e seja razoável. Como quer converter os homens, se nem tem coragem de ver o que eles fazem? Ainda nos resta fazer uma derradeira visita.

— Para onde quer me arrastar? Que torpeza quer me mostrar ainda? – gemeu o Gênio, Mensageiro do Céu.

— Oh! nada... coisinhas pequenas: vamos ver agora os vizinhos dos teutões belicosos; vamos à casa dos Ursos Brancos, um povo de bondade natural e simples... também descuidado, preguiçoso e desinteressado quanto os Kulturträger são ordenados, ativos e ávidos.

Absorto por tristes pensamentos, o Gênio ficou mudo, contentando-se em regular seu voo com o voo lento e pesado do demônio. Subitamente Satã interrompeu as reflexões do companheiro:

— Vou fazer uma pequena volta, amigo Gênio, para lhe mostrar ainda um vizinho dos Ursos Brancos.

— Ah! Chega! Vamos direto. Eu já vi muito povo infortunado e aviltado. Meu coração já sangra com tudo o que mostrou.

— Bobagem! A Esperança e o Êxtase o reconfortarão! De resto, é para lhe agradar que o trouxe aqui; o império que nós atravessamos é apenas um termo etnográfico, uma aglomeração disparatada de nacionalidades diversas, mas aqui, como na casa dos

Ursos Brancos, habita uma raça rainha do futuro, a raça eslava. No momento ela é ainda oprimida, maltratada e desvalorizada para quem assim ache, pois seus filhos, em seu próprio país, não ousam empregar sua própria língua!

– E eles não protestam?

– Ainda não; estão muito imbuídos dos seus princípios, Mensageiro: generosidade, piedade, modéstia e diminuição de si mesmos. O que conta contra eles é a discórdia; enquanto os membros da família brigam, judeus e teutões os atormentam e já comeram mais de um pedaço suculento do patrimônio deles. Portanto, o tempo se aproxima, quando, esquecendo dissensões, o gigante eslavo sacudirá as cadeias; daí, sob seus pés, serão demolidos todos os opressores seculares e a palavra opressiva "ontem" será sufocada por milhões de zde.[7] E agora veja!

Satã estendeu a mão e, como uma fata morgana[8], surgiu da bruma uma magnífica paisagem: uma cidade à beira de um golfo, dominada por cúpulas e minaretes, envolvida na verdura dos jardins e, dominando tudo, uma vasta construção com uma cúpula gigante, onde predominava uma cruz luminosa cuja claridade abrasava o céu.

---
[7] "zde": não conseguimos saber seu significado. N.T.
[8] Fata Morgana: fada Morgana; assim chamada por se supor ser trabalho de uma fada chamada Morgana. Nome dado a um fenômeno ótico, espécie de miragem que tem sido anotada no Estreito de Messina, entre a Costa da Cecília e a Calábria. Imagens de homens, torres, palácios, colunas, árvores, etc. são ocasionalmente vistas da costa, algumas vezes na água e outras vezes no ar, ou ainda na superfície da água. É uma expressão preferida de Rochester. N.T.

– É Santa Sofia, a paladina dos eslavos; lá planejaram suas águias vitoriosas Sua grandeza se elevará sobre a pujança desmoronada da decadência latina e da velhice teutônica. Virão tempos de lutas e de descontentes por mim – suspirou Satã continuando – mas não vou me desencorajar, sei que virá minha vez. E agora vem, é tempo de nos transportarmos à casa dos Ursos Brancos.

Logo apareceram a seus olhos planuras imensas cobertas de gelo, depois um golfo também gelado. De repente, um quadro singular atraiu suas atenções: ao centro de uma espécie de parapeito, formado de enormes blocos de gelo, aparecia um grande forno de onde saía agradável calor que ia longe. Nos dois lados do forno estavam sentados dois militares: um tenso e afetado, tendo à cabeça um boné de ponta; o segundo, abotoado em uniforme dum vermelho gritante que parecia jogar reflexos sobre as costeletas que enfeitavam seu rosto. Com ar trocista e expansivo, sem alarde, comiam com apetite castanhas assadas que muitos ursos brancos retiravam do forno, onde eles as assavam e lhes apresentavam com zelo de serviço.

O trabalho era de retirar as castanhas incandescentes; os ursos tinham o focinho coberto de queimaduras e as patas em sangue; também, às vezes, a hesitação lhes vinha de comer eles mesmos uma das castanhas, mas os dois bravos guerreiros os vigiavam para lhes impedir tal guloseima. Logo um segurava um chuço e aplicava um golpe na lã de sua pele espessa, ao que o urso, resmungando, devolvia-lhe a castanha; quanto ao outro soldado, afagando o focinho do temível carnívoro, coçava-lhe as orelhas e, sempre cantando uma terna canção, despojava-o também.

– Que grupo estranho esse! Que são esses animais? – pediu o Gênio.

– É um grupo alegórico, amigo Gênio, que representa a simplicidade extraviada a serviço da arrogância e da avidez; mas também se poderia chamar de "o concerto europeu". Continuemos nosso caminho. Lá na borda do golfo acha-se a capital dos Ursos Brancos.

Logo se desenrolou a seus olhos uma cidade considerável. Uma multidão de cúpulas azuis, verdes, douradas, dominando o amontoado de casas, brilhava aos raios dum sol pálido, velado de vapor.

– Que tristeza há nessa paisagem! Somente o sinal da redenção, que brilha sobre todas as cúpulas, a alegra um pouco! observou o Gênio.

– Sim, o clima aqui deixa a desejar; confesso que a fé aqui é mais simples, mais sincera, mais piedosa que noutro lugar. Já lhe disse que os Ursos Brancos são simples e bondosos e com isso são muito originais. Eles têm por especialidade de caráter prejudicar-se a si próprios, por tudo e ao máximo. Além disso, sua preguiça é fenomenal e os faz cair nos extremos. Por exemplo: é um país de agricultores por excelência, e é precisamente esse ramo de produção nacional que menos os interessa; os serviços de que se ocupam os nobres e camponeses reclamam em vão uma sustentação eficaz. A crise econômica é tão grande que provoca a transmigração da população rural para a conquista de outras terras longínquas, enquanto que em seu lugar, no centro mesmo da região, estabilizam-se os teutões puro sangue. Não menos engenhosa é a venda a leilão de todas as riquezas do país a estrangeiros, e isso se intitula "reavivar a indústria". Proteger e desenvolver minúsculos patriotismos locais, tais como o dos armênios, dos livônios, finlandeses, kirgueses[9], tchremisse[10], tschouvache[11], etc.; isso entre eles se chama "aclarar a política interior". Resumindo, só os Ursos Brancos sacudiram a dominação mongólica. Se eu fosse lhe contar, mexericando, todos os absurdos dessa gente boa, seria um nunca acabar... Eis outra coisa curiosa entre eles: é supérfluo ter bons escritores ou ótimas obras científicas, mesmo notáveis, quando é bem mais cômodo açambarcar as riquezas intelectuais do mundo inteiro, remunerando economicamente autores

---

[9] Kirgueses: habitantes turcos do Tienshan e Pamir-Alai. N.T.
[10] Tchremisse: antiga denominação de um povo pertencente à divisão do grupo linguístico da língua finlandesa. Constituem os principais habitantes "Mari" ou "Marits" que habitam a República Socialista Soviética Autônoma de Naquichvão. N.T.
[11] Tschouvache: um povo pertencente a um dos grupos linguísticos de origem turca; constituem habitantes básicos dessa origem na República Socialista Soviética Autônoma de Naquichvão. N.T.

pilhados. Sim! Dão a eles apenas admiração platônica e aos editores, que se enriquecem e os distraem tão engenhosamente, consagram sincera gratidão.

– Mas como a honesta e sincera piedade desse povo se acomoda a uma tão flagrante injustiça?

– Tem uma escusa valiosa. No décimo mandamento de Moisés está: "não cobice nem a mulher, nem o boi, nem o asno de teu próximo", mas como ele esqueceu de mencionar as obras literárias do vizinho ou do próximo, eles estão em regra com a Lei. Oh! Você ainda não conhece toda a utilidade de um discernimento hábil entre a letra e o espírito da lei. Guarde bem na cabeça o que vou lhe dizer: vejo em sua cintura o bico de uma pena. Se durante sua encarnação tiver proposta de ser literato, a coisa vai interessá-lo.

– É verdade. Como companheira de minha missão escolhi a Poesia – disse o gênio enrubescendo.

Satã coçou a orelha.

– Ela está um pouco fora de moda, como todas as províncias celestes. Em todo caso, evite esta região. E agora vamos fazer um giro nos teatros e restaurantes. É a "semana gorda"[12], está tudo cheio e bastante interessante.

O Gênio acedeu, querendo ser agradável, e seu

---
[12] Semana Gorda: carnaval. N.T.

condutor se animou e se alegrou à vista desses lugares de prazer, cheios de uma multidão mais que alegre com essas saturnais modernas.

— Diga-me, Satã — inquiriu o Gênio assim que saíram do restaurante: quem é essa mulher nua e desavergonhada, coberta de andrajos velhos, de missangas, de enfeites de fantasia que não escondem de forma alguma seu corpo disforme?

— Oh! tantas vezes você velou os olhos com a asa: acreditei que não havia notado essa amável personagem — disse Satã zombando e piscando o olho.

— Tem sido difícil. Temos visto por toda parte campainhas suspensas em cada ponta de sua coroa de papel dourado. Ressoam tão desagradavelmente! Quem é ela?

— É uma grande dama; chama-se Vaidade e é a concubina do Ouro. Os dois cultivam tão bem os mesmos gostos e instintos que sua desaprovação, Gênio, me é supérflua. O que você chama de enfeites de fantasia são objetos preciosos de arte, decoração, sinais acadêmicos, títulos nobiliárquicos. Para adquiri-los os homens mentem, humilham-se, destroem-se mutuamente, sem nunca se aperceberem de que os dons distribuídos pela Vaidade são farrapos que nunca cobrem a nudez daquele que se enfeita com ela.

– Mas é preciso abrir os olhos desses pobres cegos, para provar que a Vaidade os engana e que se enfeitam somente duma indigna fraqueza.

Satã não parava de rir...

– Ah! Gênio, Gênio! – disse enfim, enxugando os olhos. – A gente logo vê que você veio do Céu, onde a dama Vaidade não é admitida! Se ela for caçada aqui, o mundo desmorona! Ela tem muitos adeptos. Pense bem! Em que se tornariam então os homens sem nenhum mérito pessoal, nem talento, nem trabalho, nem virtude, e que são somente filhos, parentes ou amigos de homens notáveis ou de dignatários altamente colocados? Ajudados pela Vaidade eles se creem, graças a essas relações, pessoas de posição social, com amigos bem abonados e se rebentam de orgulho, pois são pais de filhos célebres ou sobrinhos de um ministro. Eles correm a saudar um homem poderoso, ou apertar a mão dele, felizes por fazer crer aos invejosos que eles são muito bem vistos pelos grandes da Terra. Em que se tornariam todas essas pessoas sem a Vaidade, que lhes dá o ar de serem alguma coisa? Eles vão lapidá-lo se você inventar de lhes tirar isso!

– Sem dúvida combaterei com todas as forças essa abominável mentirosa que torna os homens escravos de uma covarde fraqueza. Mas devem existir os que são exceções do ridículo da vaidade. Vou tomá-los como aliados exclamou impetuosamente o Gênio.

– Seus aliados serão pouco numerosos; os seres modestos e de mérito verdadeiro são tão raros que a massa os tem como anormais; um sábio chegou a declarar ultimamente que os gênios são loucos. Você já se queimou com o Ouro. Se agora ofende a Vaidade, você acaba... Mas parece fatigado, amigo Gênio; voltemos às portas da Terra – você já viu o bastante para renunciar à missão.

O Gênio suspirou e baixou a cabeça. Nesse momento seu olhar caiu sobre a lâmpada suspensa em seu peito: uma chama quase apagada e vacilante, quase a se extinguir. Mas subitamente ela pareceu reviver e crepitou, aclarando com uma luz brilhante. Ele se recompôs, e seus olhos retomaram o brilho de esplendor.

– Cumprirei minha missão, e a Esperança me sustentará.

– Oh! essa mentirosa não vai largá-lo, mesmo que você queira se desfazer dela... já o está arrastando a tentar o impossível – disse Satã, fixando com olhar longo e pensativo o Mensageiro luminoso e diáfano, cujos traços refletiam a harmonia de todos os sentimentos.

Em seu modo de ver tão puro brilhava o fogo do Êxtase. Um suspiro elevou o peito do gênio enfraquecido, e alguma coisa, como uma lembrança ou saudade, fechou seu peito sofrido.

— Vá, então; tenha piedade de si mesmo. Vá entre os homens mais duros que a pedra, mais impiedosos que os animais ferozes. Eles não saberão apreciar nem sua beleza celeste, nem sua pureza radiosa; e quando você voltar aqui à entrada da Terra, suas asas estarão quebradas, terá perdido a suave harmonia do seu ser, o êxtase vai estar extinto de seu olhar. Vá, repito, mas cada vez que você fracassar em seus esforços, que os homens zombarem de você, que o mal triunfar, que uma alma que você acredita ter conquistado para o Céu escorregar entre suas mãos para recair entre aqueles odiosos Gênios da Terra, você vai me escutar rir, provando que vejo e sei tudo.

O Gênio, que havia escutado com calma e doçura, aproximou-se e uma indefinível expressão de afeição e lástima se pintou em seu rosto:

— Como eu o lastimo, pobre guardião da Terra; seu suplício é verdadeiramente eterno, pois você não tem esperança; mas sinto que não é tão mau quanto diz ser, que em seu riso cruel modula o amargo desespero de uma alma atormentada que não encontra repouso.

Um riso estridente, agudo e discordante como um grito de angústia lhe respondeu, e o demônio desapareceu em uma nuvem de chamas e de fumaça.

O Gênio suspirou. Teria ele, com seu olhar puro, sondado o sombrio abismo que se chama "o coração de Satã" e compreendido até a raiz o resumo de todo sofrimento?

Sozinho, ele sentia-se pesado, e uma atração invencível o puxava para a Terra. Descia cada vez mais rapidamente, e seu olhar se obscurecia. De repente, um raio se abateu sobre sua cabeça, e ele perdeu a consciência de si mesmo.

Quando voltou a si, achou-se em uma gruta, estendido num leito de palha; um venerável velho estava inclinado sobre ele e molhava com água fria sua fronte e suas têmporas.

— Enfim, pobre menino, você está abrindo os olhos e acordando do longo entorpecimento — disse afetuosamente o velho.

Muito feliz de encontrar sobre si um olhar límpido e bom, o Gênio se endireitou, apertou a mão de seu hospedeiro e perguntou:

— Onde estou? Que acaso me trouxe a sua casa?

Ao mesmo tempo ele se examinava, apalpava-se curioso. Constatou que possuía um corpo humano, jovem, bonito e delicado.

— Eu o encontrei sem consciência, sozinho e abandonado na floresta e o trouxe à minha ermida e já faz dois dias que trato de você, querendo que volte à vida.

– Quem é você, bom velho?

– Sou um eremita; desde minha juventude fujo do mundo e dos homens para me devotar à contemplação e à prece. Vivo feliz e calmo em minha solidão e, se desejar, fique comigo. Já o amo, e será meu filho adotivo, a menos, todavia, que tenha parentes aos quais deve voltar.

– Não, não tenho parentes terrestres e ficaria feliz de morar aqui com você, bom velho, se não tivesse de cumprir uma missão – exclamou o Gênio. – Mas sou um Mensageiro do Céu enviado à Terra para lembrar aos homens quanto é bela sua pátria celeste, onde o sofrimento é desconhecido, onde reina o amor puro e a harmonia perfeita. Devo levá-los a vencer suas paixões torpes, a caçar de seus corações a vaidade e a desprezar o ouro e as alegrias perecíveis que os chumbam à Terra. Diga-me, Venerável Pai, para onde devo me dirigir, a fim de encontrar os homens? Tenho pressa de começar a lhes abrir os olhos.

O eremita o escutou, cheio de emoções. A suave pureza que emanava de todo o adolescente e o fogo subjugante de seus olhos não lhe deixavam dúvidas sobre sua origem.

Unindo as mãos o velho exclamou:

– Como sou feliz de ter podido, antes de morrer,

contemplar um Mensageiro de nosso Pai Celeste! Os homens acreditarão em você? Quererão escutá-lo? São tão incrédulos, tão maldosos que o irão maltratar e farão você morrer de fome!

— Deus me sustentará... E depois veja como a Esperança me aquece! — disse o gênio, mostrando-lhe a luz dourada que emanava de seu peito. — Já sei que os homens são maus, mas são cegos e se esqueceram do Céu. Quando lhes provar que estão errados, vão se emendar.

O eremita lhe deu sua bênção e um pedaço de pão para apaziguar a fome. Indicou-lhe o caminho a seguir e, ao se despedir, disse:

— Vá, então, puro Mensageiro da Luz; e quando tenha acabado a missão, venha para perto de mim. Rezarei a Deus incessantemente para que consiga salvar muitas almas.

Caminhando, modesto e cheio de resolução, o Gênio se pôs a caminho e, ao cair da noite, atingiu um albergue. Como estava cheio de gente ele se sentou em um canto e prestou atenção às conversações: discutia-se a instalação de um terceiro cabaré em uma pequena cidade vizinha. Os protestos tímidos de alguns assistentes eram cobertos pelos risos e zombarias.

— Que está fazendo aqui? — perguntou subitamente

o dono do Albergue, aproximando-se do gênio e examinando-o suspeitosamente. – Quem é você? Se quer comer, tome o de que precisa, pague e vá embora – continuou ele rudemente.

– Eu não tenho dinheiro e venho somente pedir um abrigo em nome de Deus.

– Ah! um esfarrapado mendigo, pedinte. Sua cara suspeita não me engana; foi para espionar ou para roubar que veio... Saia, enquanto seus ossos estão inteiros! – berrou o estalajadeiro, agarrando-o pela gola e arrastando-o até a porta.

O Gênio ficou sobressaltado por semelhante acolhida, mas como ainda não tinha adquirido a faculdade de se zangar, tratou de se desculpar dizendo que era um Mensageiro do Céu, o que lhe valeu uma resposta torta e a ameaça de ser mandado ao comissário de polícia. Entristecido, pôs-se de novo a caminho: "Ainda não tenho experiência de seus costumes, persuadia-se ele. Talvez devesse pedir perdão de ter vindo sem dinheiro, em lugar de me glorificar de minhas qualidades."

Durante toda a noite e todo o dia ele andou sem destino, não ousando entrar em lugar nenhum, sonhando com um meio de se proporcionar honestamente um pouco de dinheiro. Acabou chegando a grande parque cujo portão estava aberto. Encolheu-se sob uma árvore para descansar.

Pouco depois chegaram três rapazes sujos, em desalinho, de caras suspeitas; estenderam-se na relva a pouca distância, e, fazendo circular uma garrafa de aguardente entre eles, discutiam em voz baixa, mas com animação. Enfim um deles disse:

– Olha esse moço franzino e pálido sob a árvore; aposto que tem fome e está sem um tostão no bolso. Se a gente pudesse "enrolá-lo" conosco, estaria feito o negócio. Magricela como é, escorregará pela janelinha e nos trará a caixinha. Vocês colocam a escada e eu vigio. Se houver alarme, teremos tempo de nos salvar; se alguém o prende, não poderá mesmo nos trair.

– Tá bom, tá bom, vai lá... ele parece meio bobo mesmo.

O vagabundo se aproximou do gênio e lhe propôs ganhar um tanto com que pagar um alojamento e comida, se por acaso ele não tivesse dinheiro.

– Certo, é exatamente o que desejo: ganhar trabalhando.

– Você sabe subir em uma escada e atravessar um quarto sem fazer barulho?

– Oh! Sou leve como um passarinho.

Muito satisfeito, o trio conduziu o Gênio, levando-o a um jardim cercando uma elegante vivenda; trouxeram uma escada que postaram em direção a uma janelinha estreita, a única que não tinha sido fechada pelos ventos contrários.

— Suba depressa, arrombe o vidro depois de aplicar ali este papel, e entre. Ao fim de um corredorzinho, vai encontrar um quarto; uma velha dorme lá. Perto de sua cama se encontra uma caixinha com moedas de prata que você pega e nos traz. Mas seja prudente porque, se bem que a velha seja surda, um ruído pode nos trair e daí... é prisão. Cuidado!

O Gênio escutou petrificado; lembrou-se do que Satã tinha dito sobre as prisões e gritou horrorizado:

— Mas como?! Mas é roubo com arrombamento! Eu não me presto a isso.

Sua voz clara soava como um clarim. Fulos da vida, os ladrões o arrastaram dali enchendo-o de socos e nomes feios, mas como ouviram alguém correr e chamar pessoas de dentro de casa, os malvados se enfureceram e tanto socaram sua cabeça que o deixaram sem sentidos na estrada.

Logo pessoas acorreram e, encontrando o Gênio desmaiado, com um ferimento na cabeça, transportaram-no a um hospital. Lá constataram que ele não possuía documentação e foi decidido que tão logo estivesse curado, seria posto na cadeia até esclarecimento posterior.

O sofrimento do pobre Mensageiro do Céu durou muito e, durante a longa convalescença, travou conhecimento com um velho rico, membro de uma sociedade beneficente, tendo por especialidade suavizar a estadia de doentes em hospital. O velho se interessou por ele, por tê-lo ouvido falar do Céu a um pobre moribundo, seu vizinho de cela.

Esse velho tinha pecado muito em sua longa vida; para juntar sua grande fortuna teve de amordaçar a consciência por numerosas vezes, o que nunca o tinha preocupado tanto quando jovem, mas agora que a morte se aproximava, tinha medo do abismo desconhecido e uma imperiosa necessidade de se reconciliar com o Céu. As palavras do Gênio lhe interessaram e estabeleceu conversação com ele. Ficou tão encantado com tudo o que o jovem lhe contou da vida além-túmulo, sobre a inesgotável bondade do Pai Celeste, da beleza do Paraíso, que ele se fez fiador da honestidade do Gênio; encarregou-se de legalizar sua posição e instalou-o em sua casa.

Radiante por ter encontrado uma alma que aspirava a suas lições, o Gênio mostrou-se infatigável. Em conversas intermináveis, instruía seu novo amigo; depois, a seu pedido, o velho escrevia o que lhe tinha sido contado. Cada vez mais emocionado e tomado de uma febre de altruísmo, o velho decidiu que era indispensável levar essas maravilhas a seus irmãos da humanidade – as consolações morais que tanto reconfortam – e resolveu fazer uma grande sociedade diante da qual o Gênio leria e declamaria os extratos de seus ensinamentos. Só que, como o velho senhor era muito econômico e, por princípio nunca impunha um incômodo a si próprio, persuadiu uma senhora de seu conhecimento a organizar essas reuniões em casa dela.

Uma sociedade muito numerosa se estabeleceu. Havia incrédulos que vinham para caçoar, desocupados que ali estavam para gastar umas horas, não importa como; velhas senhoras que não mais podendo pecar, aspiravam à saúde; enfim, os exaltados prontos a se entusiasmar por tudo. A eloquência persuasiva do gênio e o encanto sugestivo que emanava dele não faltaram absolutamente em seus efeitos, e ele teve um primeiro triunfo. Em unanimidade, decidiu-se publicar esses sublimes ensinamentos, mas na questão do título a ser dado a essas publicações as querelas começaram. Uns desejavam intitular o livro: "A Saúde da Alma – ditado por um Mensageiro do Céu"; outros eram mais prudentes – "Meditações Celestes – por um desencantado da Terra".

– Uma voz vinda do Céu abalou as consciências – gritaram os primeiros.

– Vós assustareis os leitores sérios – repostaram os segundos.

Ninguém queria ceder, e se separaram nos piores termos.

Entretanto, as reuniões se tornaram conhecidas. Falou-se do Gênio – verdadeiro ou falso – que acabava de aparecer, e esse era um motivo de visitá-lo, de consultá-lo, de submetê-lo a questões da consciência.

A admiração exagerada lhe criou invejosos, mal querentes e até mesmo inimigos: o Gênio não ligava a isso. Animado de um zelo ardente, de um desinteresse completo, incapaz de iras e rancores, sonhava com o campo de batalha que lhe havia sido descrito por Êxtase e envidou todos os esforços para esclarecer os homens, para curar suas dores morais e físicas. Ensinava, consolava, curava, nada pedia em troca, apenas desejava que eles se melhorassem e compreendessem que existe alguma coisa mais preciosa para a alma do que o ouro, a vaidade e os gozos materiais, isto é, um pouco de amor, o eflúvio puro do coração que não pode ser fingido.

A multidão, primeiramente curiosa e interessada, alterou-se alarmada. Que vinha fazer ali o pregador incômodo, esse insolente, ousando chamar os vícios por seu verdadeiro nome, desvendando sem delicadeza alguma a feiúra moral, e apontando com o dedo a nudez de cada um, em lugar de a velar com algum elegante sofisma?

Os mesmos a quem o Gênio havia servido, começaram a vaiá-lo; as curas milagrosas eram devidas ao acaso, suas pretensas consolações somente envenenavam a existência, atrapalhavam a quietude da alma; as responsabilidades no outro mundo que ele proclamava impediam de se fruir com tranquilidade as satisfações terrestres. O pessoal tinha medo e tapava os ouvidos.

Os vícios, inimigos do Gênio, não ficaram inativos; apresentavam tentações sustentando os vacilantes, insinuando-lhes as mais insidiosas desculpas em favor do pecado; e cada vez que lhe escorregava entre as mãos uma alma que o Gênio acreditava ter ganho, o Mensageiro do Céu via sob aquele rosto humano a zombaria da face odiosa da vaidade, da avareza, do egoísmo ou de um de seus confrades. E o riso de Satã tinia em seus ouvidos.

Apesar desse ódio surdo da sombra, vinham centenas de pessoas ao audacioso que desprezava o ouro, a vaidade; o insensato que ficava indiferente à lisonja, não se deixando tentar nem por honras, nem por prazeres, desdenhando a calúnia, só se deixando guiar pela verdade e pelo dever.

Essa luta o esgotou; o Gênio empalideceu, e um profundo vinco apareceu em sua fronte.

Mas a Esperança ainda o sustentava; ele não

queria ver que os que se aproximavam eram inimigos disfarçados, espreitando o momento favorável para o atacar, jogar-lhe lama. Acolhia com braços abertos os que lhe vinham ao encontro, e, mesmo por instantes, esses corações endurecidos acordavam sob a influência daquela voz que falava dos esplendores do Céu e embelezava com um encanto tentador os caminhos áridos da virtude. Esses impulsos momentâneos criaram ao redor do Gênio uma multidão de discípulos que se ligavam a ele jurando submissão e afeição eternas, mas cumulando-o de pedidos e pretensões; porém quando a ocasião se apresentava para comprovar por atos a sinceridade de suas promessas, o Gênio se chocava com uma invulnerável couraça: o orgulho ou o egoísmo, a covardia ou a avidez lhe dirigiam dardos venenosos; suas palavras pareciam perder força; os discípulos recuavam sob seu olhar de fogo; derretiam como cera ao calor do sol e fugiam para não mais voltar. Cada vez mais frequente era o riso de Satã, estridente e zombador.

Aos poucos o olhar do Gênio ensombreceu; seu ser perdeu o vigor e se velou; de sua alma se elevava um sentimento do qual ele ainda não se havia percebido; dor enervante, amargo desprezo, desencorajamento e desconfiança até de si mesmo. "Será que vim em vão? Satã teria razão?", perguntava-se ansiosamente.

A Esperança ainda vinha, mas raramente, reanimar sua coragem; segurava a pena de águia ou sua espada de fogo, proclamava a verdade ou dava encontrões nas sombras; mas uma vez que a luz houvesse passado, um espesso vapor se fechava, e às suas impalpáveis promessas de felicidade no Céu se opunha a agradável realidade das tentações terrestres. Com esse trabalho de Sisyfo[13], as forças do Gênio escassearam; a alma ulcerada aspirava retornar à Pátria Celeste. A cada dia ele sentia restringir seu círculo de ação. Somente com um dos seus discípulos, o último, o único a quem ele esperava arrancar das mãos cruéis dos Gênios Terrestres, o pobre mensageiro falava ainda do Céu.

– Mestre, vejo que sofre – disse-lhe um dia este – e sei que, apesar dos indignos, tem em vão pregado a verdade. Quanto gostaria eu, que o amo tão sinceramente, reconciliá-lo com a Terra e, mais tarde, segui-lo às esferas luminosas! Diga-me o que devo fazer para ser digno do Céu? Ordene e eu obedecerei.

Um relâmpago iluminou o olhar obscurecido do Gênio. Inclinando-se a seu discípulo, disse:

– Tenha um verdadeiro impulso do coração; esqueça tudo o que o liga à Terra; sacrifique no altar de sua fé todos esses interesses mesquinhos, sem os quais os homens imaginam não poder viver, e que fazem de sua alma, afinal de contas, o albergue de todos os vícios.

---

[13] Sisyfo: o mais astucioso de todos os mortais; por isso foi condenado a rolar até uma alta montanha um enorme bloco de pedra que, mal chegava ao cume, rolava para baixo puxado por seu próprio peso. Sisyfo recomeça a tarefa por toda a eternidade. N.T.

— Sem dúvida, mestre querido, não duvide de mim – respondeu sem hesitação o discípulo. – Desde que eu me assegure de que isso não me prejudique e não me faça perder a herança que deverá me tocar, farei o que me pede.

— Você resolveu o problema do processo, meu discípulo fiel. Agradeço sua promessa – respondeu o Gênio com um enigmático sorriso, já ouvindo o riso acerbo e caçoísta de Satã. – Tem razão, demônio zombador, eu me declaro vencido – murmurou ele. – Que se pode pedir a almas que não compreendem mesmo o que se lhes pede?

No silêncio e na solidão da noite, o Gênio sondou, recapitulou todas as peripécias de sua missão fracassada e decidiu partir. Sua alma estava toda ferida. Seu corpo quebrado, pelos anos de trabalho ininterrupto, de esforços sobre-humanos, recusava-se a servi-lo e, nessa hora de angústia, estava só, só como no dia de sua chegada sobre o campo de batalha onde o ferido, o vencido, era ele. O Gênio suspirou, e as lágrimas queimaram seus olhos. "Tudo em vão. Vou à casa do eremita buscar repouso, se é que ainda poderei achar repouso".

Em sua gruta, sozinho, o solitário rezava. A abstinência, a meditação, o desprezo das vaidades terrestres tinham purificado e tornado seu corpo leve;

a alma via através da matéria. Sentiu a aproximação do Gênio e partiu ao seu encontro, mas à vista do Celeste Mensageiro, soltou um grito de dor e espanto:

– Grande Deus! Que fizeram a você os homens? Ao mensageiro do Infinito?! Onde estão a radiosa harmonia de seus traços, o fulgor de seu olhar, a claridade luminosa que emanava de todo o seu ser?

– De todas essas belezas me havia dotado o Céu e as sacrifiquei aos homens. Esperava esclarecê-los, torná-los menos rudes; sempre batendo na pedra se faz sair fagulhas, mas no granito do coração humano fui obrigado a renunciar em ver as fagulhas de generosidade, gratidão, amor verdadeiro. Somente faz vibrar suas almas o que lembra o ouro, lisonjeie sua vaidade ou os leve aos gozos materiais. Convenci-me de minha inutilidade, fugi e venho a você.

O eremita chorou, abraçou o Gênio, depois o levou à gruta onde o ajudou a se estender sobre seu leito de musgo.

Esgotado de fadiga, fechou os olhos e caiu em um torpor apático. Mas o repouso não vinha de forma alguma: visões odiosas o perseguiam; espectros de todos os ingratos por quem ele se havia sacrificado desfilavam diante dele; o Enviado era incapaz de odiá-los, mas uma indizível amargura o torturava. Subitamente uma chama clara jorrou de seu coração ferido, vivificante calor aqueceu seus membros e se sentiu embalado em sonho estranho que o aturdia.

Estava de novo na Terra recomeçando a missão, mas só que desta vez era mais feliz; as almas estavam mais aptas a compreendê-lo, deixando-se tocar pelo amor verdadeiro, à abnegação, a aspirar ao infinito; ao seu derredor se agrupavam amigos que, cheios de gratidão, esforçavam-se em seguir suas lições, vencer seus instintos inferiores. Precipitados de seu trono, o ouro e os vícios jaziam na poeira.

Uma nova energia encheu o coração do Gênio; em um instante ele esqueceu suas feridas, decepções e ultrajes sofridos. Aprumou-se e, com a mão desfalecente, segurou a espada de chamas, pronto a se jogar naquela cena e tentar novo combate, quando percebeu a Esperança, radiosa em sua túnica cintilante, elevando a lâmpada em sua mão, flutuando por cima de seu leito.

A espada se lhe escapou; uma cólera mesclada de desespero, como jamais havia sentido, encheu sua alma.

– Traidora, espectro mentiroso, que promete a felicidade do Céu para empurrar os cegos a todos os sofrimentos terrestres! – gritou ele. – Oh! Que pena não poder asfixiá-la com minhas mãos a fim de que não possa maldosamente lograr os infortunados que se fiam em suas promessas!

A Esperança pareceu ficar insensível a essas reprovações: boca sorridente, olhar cheio de promessa, trazia uma braçada de rosas no pano de sua túnica; a radiosa visão se elevou docemente e se fundiu no abobadado teto da gruta. Então, do fundo obscuro, avançou lentamente e majestosamente uma alta figura de negro que se inclinou sobre o Gênio e, tirando o véu, descobriu o rosto pálido, severo e calmo da Morte. Uma compaixão infinita brilhava em seus olhos de profundez insondável; uma lágrima refrescante veio ter sobre a fronte lívida do pobre Mensageiro. Isso o estremeceu, reabriu os grandes olhos e um sorriso reconhecido clareou seus traços.

— Agradeço por ter vindo, ó mais caridosa das filhas do Céu! Só você não faltou à promessa; conceda-me bem depressa o beijo prometido.

— Sim, meu abraço é glacial, mas proporciono um momento de repouso, uma hora de trégua no extenuante combate que o Espírito recomeça sem fim.

Ela o atraiu a seus braços e apertou sua fronte contra seus lábios. A esse toque, a matéria perecível, já pesando ao Mensageiro do Céu, consumiu-se como um fio de cabelo ao contato com a chama, enquanto que o ser imortal, livre dos entraves grosseiros e levantado pelos braços da Morte, subia para os ares, parecendo uma nuvem transparente.

Sem olhar os despojos mortais que o haviam servido e onde tinha tanto sofrido, o Gênio subia, ensaiando estender suas asas amarrotadas e entorpecidas, quando, chegando às portas da Terra se encontrou diante de Satã, que o encarou com insistência, zombando, fixando-se em seu olhar esmaecido, em sua túnica fanada, em sua espada embotada; enfim, a aura sem viço empanando todo seu ser outrora tão luminoso.

– Então? Quem tinha razão? – perguntou Satã, curvando-se sobre ele.

– Você, respondeu o Gênio – baixando a cabeça.

– Enfim aprendeu a odiá-los como eu os odeio, retumbou Satã com sua voz surda. Eu também fui um arcanjo, e foi o mal quem me venceu; soprou em minha alma a revolta e, quando fui precipitado do céu, a Terra apenas zombou de mim... Mas também eu odeio os homens e vigio aqui para saborear à vista de seus sofrimentos; eles se infligem dores uns aos outros; criam lutas fratricidas, e a cada infelicidade que os atinge, a cada flagelo que lhes advém, fremo de alegria e, nos urros de aflição, eu ouço o soar da Justiça Divina.

– Não, não sei odiar. Apesar de tudo fico condoído pelos cegos que me desconheceram e me esqueceram.

– Ora! por que o esqueceriam, agora que suas

exprobações incômodas não mais os importunam? – fez Satã com um riso estridente que ecoou em cada fibra do Celeste Mensageiro.

O Espírito do Mal levantou a mão, e logo as nuvens espessas que escondiam a vista da Terra se afastaram e se viu uma procissão avançar, trazendo uma estátua através de ruas da cidade onde, nos últimos tempos, havia vivido o Gênio.

– Olha! Beatificaram-no! Agora o adoram como a um santo; proclamam seus ensinamentos – para os ler, mas não para os seguir, bem entendido. É o método humano de adorar os que eles crucificaram ou queimaram sem piedade.

O demônio recomeçou seu terrível riso e, envolvendo-se em seu manto sombrio, retomou seu lugar na pedra, satisfeito com o mal que o consolava de sua queda celeste.

O Gênio se deprimiu, ferido por um doloroso estupor. Apertando sua fronte contra a pedra gelada, assento de Satã, seu olhar se fixou cheio de dor em um segundo quadro que as nuvens desvelavam, abrindo-se. Era o templo do ouro: mais soberbo, mais altaneiro, reinava o brutal ídolo e, ao seu redor, de mãos dadas, todos os vícios trocavam beijos fraternais, turbilhonando uma sarabanda infernal. Com gargalhadas de triunfo, felicitavam-se mutuamente, mostrando com o dedo o grupo estranho que flutuava nos ares, cercado duma vasta auréola de fogo – era Satã, sombrio e sonhador; a seus pés, o Gênio vencido e desesperado. Essa corja odiosa não compreendia que todos os dois sofriam, encadeados à Terra: o Gênio, incompreendido pelo desencorajamento que pesava suas asas; o demônio, por seu ódio insaciável.

Subitamente o arcanjo decaído estremeceu e, sacudido por risos discordantes, inclinou-se para o gênio acabrunhado:

– Olhe! – disse ele, estendendo sua mão gigantesca para onde emergia um clarão avermelhado, na direção de uma estrela que resplandecia, acabando de surgir, longe ainda dos céus, e descendo em direção a eles com rapidez vertiginosa. – Olhe! O céu impiedoso e incorrigível envia em seu lugar outro gênio. Quando se deixará de arrancar de seu meio as muitas crianças da luz, tão puras, para sacrificá-las no altar sangrento da Terra ingrata?

Com um assobio parecido àquele da tempestade rebentando, sobrelevando as vagas do oceano, o espírito do mal se aprumou para saudar o novo Mensageiro, destinado a provar uma vez mais ao céu que o anjo das trevas é e continua sendo o senhor soberano desta Terra, pois foi ela quem fez dele "Satã".

J. W. Rochester

(W. Krijanowsky)

Em Moscou

(SONHO NUMA NOITE DE OUTONO)

MOSCOU 1906

É preciso salvar a fé, é preciso salvar a Rússia
É chegado o tempo de provação
Levanta sua voz o discurso sem princípios
A verdade é obscurecida e se perde a consciência
No âmago da indiferença se oculta uma velha mentira
Vós repousastes longos e longos séculos como eu
Despertai! É hora de agir!
Uma força má se aproxima.

N. Sokolov

I

A noite era escura e nebulosa. No céu as nuvens cinzentas e a névoa fina se confundiam. O ar era pesado. Os trovões soavam como tiros de canhão a sacudir tudo ao redor. Os relâmpagos sulcavam o céu carregado, permeando-o com sinistras luzes brancas a iluminar as árvores seculares da velha e majestosa floresta.

Apoiando-se no seu báculo, um velhinho corcunda caminhava pelo bosque. Vestia uma sotaina de linho branco e calçava um par de alpargatas[1]. O clarão opaco dos relâmpagos iluminava na penumbra seu rosto coberto de rugas, emoldurado pela barba grisalha e contorcida. O velho andava a passos apressados e, às vezes, um suspiro pesado lhe fugia do peito. Saindo do bosque, ele subiu a colina e, diante de nós, começou a se delinear, cada vez mais e mais claro, os contornos de uma grande muralha, atrás da qual se distinguiam as cruzes e as cúpulas douradas das igrejas. Agora, porém, os clarões apagavam-nas, como que a envolvê-las com uma densa névoa.

O portão da muralha do monastério estava inteiramente aberto. Quando o velhinho se aproximou viu

---
[1] literalmente: lápot - espécie de calçado tipicamente russo. N.T.

que saía um frade de elevada estatura, trajando uma túnica[2]. Atrás dele se estendia uma longa fila de monges. Tinham a cabeça coberta; os rostos expressavam uma aflição profunda, e os lábios sussurravam orações.

Todos eles saíram pelo portão e, junto com o velho monge, seguiram o caminho que levava à "primeira das cidades"[3].

II

Na Praça do Tzar[4], aglomerava-se uma multidão enorme e incrivelmente heterogênea. Eram camponeses; antigos guerreiros com seus capacetes, elmos e cotas de malha; boiardos com seus casacos de pele e chapkas[5]; soldados de tempos idos, feridos e mutilados. Em suma: pessoas de todas as idades, épocas e classes ali se reuniam. Pálidos de medo, olhavam desnorteados o cadafalso alto erguido no centro da praça, sobre o qual um carrasco vigiava em pé. Trajava uma camisa vermelha e, enquanto mantinha uma mão à cintura, aparava-se com a outra no seu machado. No seu rosto barbado estava estampada somente a crueldade, uma crueldade que não admitia súplicas.

"A cabeça de quem será cortada? Quem espera o castigo cruel? Quem é tão terrivelmente perverso para

---
[2] literalmente: skhim - espécie de túnica usada pelos monges da igreja ortodoxa. N.T.
[3] Moscou. N.T.
[4] Refere-se à Praça Vermelha. N.T.
[5] Gorro típico russo. N.T.

ser castigado e torturado com a escuridão das trevas?" Eram os murmúrios vagos e tímidos pronunciados em meio à multidão.

O povo na praça se agitava e bramia. Com medo, olhava ao redor. À espera daquele terror, uns faziam o sinal da cruz e outros, em oração, caíam de joelhos.

O céu se tornava cada vez mais escuro e o ar abafado; os relâmpagos como espadas de fogo cortavam o firmamento sombrio.

De repente a tempestade desencadeou sua fúria. O vento assobiava um triste silvo de dor e pranto. As nuvens levantavam o pó, varriam os casebres e arrancavam as árvores com as raízes, espalhando-as como se fossem palha. Os estrondos dos trovões se confundiam com os gritos e gemidos dos homens.

O furacão a tudo destruía; balançava as velhas paredes e ondulava sombras fantasmagóricas saídas das sepulturas para presenciar o monstruoso castigo prestes a se executar no velho Kremlin.

A multidão crescia.

Sob o estrondo da tormenta uma nova legião chegou. Tinham aspecto horrível. O sangue escorria nos rostos deformados pelo sofrimento. "Nós estivemos com os anunciadores da grande desgraça! Nós somos vítimas de Khodinka!⁶ Nossa morte não o saciou, nosso sangue não deteve sua marcha."

O desespero do bando infeliz contaminou o povo.

Prantos e gritos de horror estalaram no ar.

Somente o carrasco, em pé no cadafalso, permanecia impassível, acima da multidão. Nos seus lábios se franzia um diabólico sorriso de escárnio.

Mas eis que os gritos de milhares abafaram os prantos e lamentações do povo na praça.

Praguejando e blasfemando, cuspindo ódio boca afora, uma massa escura de homens, mulheres e crianças se aproximou, como uma avalanche. Eram guiados por criaturas detestáveis, de rostos pálidos, narizes aduncos e insolentes olhos de rapina.

Com seu alento venenoso entorpeciam a atmosfera.

O obediente rebanho humano que os seguia gritava:

– Esquartejar! Esquartejar!

Os astutos guias se puseram frenéticos, erguendo os punhos cerrados e berrando:

– Abaixo a cruz! Fora a fé! Abaixo a pátria, a honra e o dever! Para o reinado do caos e da desordem! Começou o nosso domínio.

---
⁶ Termo não identificado. N.T.

Gritos, ruídos e ensurdecedores aplausos soavam ao redor. Nas mãos eram levadas tochas enegrecidas, e suas chamas de sangue ardiam como que querendo ascender ao céu. Longe, muito longe, onde somente alcançam os olhos, um clarão de chamas derramou-se, como o ferro fundido, sobre a terra, incendiando-a.

III

Havia berros frenéticos e raivosos; gargalhadas dementes dos possessos. Tudo isso abafado por um ensurdecedor rugido. Os rebeldes carregavam através da multidão sua vítima, por eles condenada à execução.

Pessoas famintas cercavam uma jovem de beleza majestosa e celestial. Seu rosto era pálido como o de um morto. Nos seus grandes olhos cinza, calmos, dóceis e claros olhos eslavos, podia-se ler o tormento pelo que passava a alma.

O manto real de peles estava em farrapos, manchado, e pouco cobria a esbelta figura, corpo maravilhoso, uma beleza tal que nem as feridas podiam deformar. O gorro felpudo mal se mantinha sobre a cabeça. O vento fustigante suspendia no ar seus cabelos esplêndidos. As mãos fortes e esculturais, que davam a impressão de serem indeformáveis, estavam agora torcidas pelas cordas.

Tomada pelo demônio, a tropa, bramindo selvagemente, carregou-a e lançou-a ao cadafalso, onde estavam a jogar pedras e lama. Ela caiu desmaiada, vertendo seu sangue no tablado, no qual era exposta à vergonha.

O carrasco impaciente levantava o machado e movendo-o sobre a cabeça saudava os bandidos vencedores com um grito triunfal. Finalmente ela, "A Rússia Santa" em suas mãos! Nesse momento tiravam o proveito máximo da situação: xingando-a de todos os nomes, lançando-lhe à corja de ladrões, que cercava o cadafalso como chacais, ávidos por atingirem seus objetivos.

IV

De repente o som vibrante dos sinos invadiu o espaço. O campanário de "Ivan, o Grande" começou a tocar, e logo a seguir, trazendo-lhe eco, o sino do campanário de Moscou.

Um som de desalento e tristeza se espalhou sobre a cidade, tocando a alma, e, ao mesmo tempo, chamando todos aqueles de fé ortodoxa a saírem em defesa da condenada. Esse som abalou os que estavam reunidos ao redor do cadafalso. Eles se lançaram em direção à vítima com um ímpeto nunca antes visto, todos sem distinção, desde o servo miserável, que nada de seu possui, nem mesmo a vida, até o boiardo guerreiro. Todas essas figuras do passado que abnegadamente, sem pedir nada em troca, amam sua pátria; que depois de defenderem seu valor com a própria vida, que depois de a banharem com seu sangue, cercavam agora essa moça e, de joelhos, beijavam seus ferimentos e seus pés.

– "Matuchka[7], tu és nossa querida. O que fazer por ti? O que te aconteceu?"

E lágrimas sinceras, amargas e desconsoladas caíram como gotas de fogo sobre a condenada.

No terraço vermelho surgiu um homem vestindo um kaftande[8] seda e um skuf[9] preto sobre a cabeça.

Fitou a multidão e, com seu báculo, desfechou um terrível golpe sobre o muro. Sua voz forte encobriu o barulho que havia na praça e até mesmo o estrondo da tormenta.

– Por qual pobre estúpido se está fazendo tanto

---
[7] Forma carinhosa de tratamento: minha cara, minha querida. N.T.
[8] Antiga vestimenta masculina de origem persa - kaftan. N.T.
[9] Pequeno gorro usado pelos monarcas da igreja ortodoxa. N.T.

barulho? Como se atreveram a me despertar de um sono secular? Que pessoas são vocês? Como ousaram violar minha tranquilidade?

O povo estremeceu, e, abrindo passagem entre a tropa amotinada, atirou-se para trás ante a terrível sombra de João. Um grito furioso saltou dos lábios do "Terrível Tzar". Elevando seu báculo, ele ameaçou os violadores.

– Onde estão os malditos que com costumes estranhos transgrediram o juramento e se uniram aos inimigos do cristianismo? Aos meus sucessores eu deixei um reinado íntegro, forte e temível, e vocês, com malícia premeditada, para onde conduziram nossa Rússia?

Agora somente um rebelde permanecia em pé diante dele. Com ousadia se recusava a ficar de joelhos e, apressando o verdugo, dizia:

– E então?! Não fique aí parado. Faça o que tem que fazer! Nós estamos esperando! Ponha fim ao nosso ódio, e que cada um receba sua parte do festim.

Com convulsão, o rosto de João se contraiu. O báculo de ferro começou a girar na sua mão, e a voz do Tzar ressoou forte tal qual um sino.

– Como? Gente russa! Eles se atrevem a pronunciar discursos infames e a servir os inimigos cruéis! Por que se enfurecem, vendedores afoitos do Cristo?

Assim como Judas vendeu Cristo, vocês, com suas línguas diabólicas, vendem a Rússia Santa e jogam suas glórias à vala do esquecimento. Querem destruir as igrejas, pisotear os ícones e bestializar os cristãos? Oh, que espécie de depravados, pobres de espírito e desgraçados! Vocês não metem medo, malditos, ao erguerem a mão contra sua mãe, sua terra pátria, a qual lhes deu de beber e comer e onde repousaram seus ossos. Mágoa, mágoa do povo aos renegados engendradores do gênio do mal! Mas, se os vivos estão cegos e perderam a razão, eu – Tzar Ivan[10] – ordeno salvar para a pátria a alma daqueles que a engrandeceram e reunindo punhado por punhado de terra a transformaram num poderoso, imenso e rico reinado! Venham todos que com suas mãos construíram a próspera terra russa e por ela derramaram seu sangue. O sinal de alerta é o som dos sinos das igrejas ameaçadas. Som que ecoa a abalar os seus monumentos fúnebres e a despertarem. Reúnam-se todos! Nossa pátria está em perigo! Precisamos de filhos fiéis e puros para lutar contra os seguidores de satanás!

E ele lançou seu báculo aos condenados, que recuaram no meio da confusão.

Nesse instante se ouviu um ronco confuso. Nuvens surgiam de todos os confins do horizonte formando sombras que voavam para o Kremlin. Lá chegando, pousavam ao redor do tablado.

---
[10] Ivan - João. N.T.

Entre elas se podiam ver antigos guerreiros que, sob o comando de Dmitri Dorskoi, haviam acabado com o jugo tártaro. Combatentes destemidos do exército comandado por Minir e Pojarskii; polacos expulsos dos muros deste mesmo Kremlin, e incalculável multidão de camponeses, liderados por Susaninii. Obscuros desconhecidos, porém heróis imortais, que pela terra natal deixaram a própria carne e os ossos nos campos de batalha da Europa e da Ásia.

Depois, ao lado de João, Pedro apareceu. Sua figura magnífica despontou ameaçadora e cheia de indignação. Atrás deles se estenderam suas gloriosas tropas guerreiras.

Cada vez mais e mais chegavam de todos os lados defensores do Império: Suvorov, Kutozov... Heróis da Guerra Pátria e os inesquecíveis defensores de Sebastopol; Hakhimov, Kornilov, Jstominym e outros. Sob o comando do "General do Bem" despontaram os caídos gloriosamente nos campos búlgaros, cuja espada, da mesma maneira que a de Svrastolav, golpeou os portões de Bizância. Por fim surgiram aqueles que banharam com seu sangue a longínqua Manchúria; até eles atenderam ao apelo e se levantaram de suas sepulturas.

Diante dessa grandiosa e ameaçadora massa de grandes e valentes defensores da pátria, a gentalha malvada recuou.

Então um de seus líderes se manifestou. Sua feição era parecida à de Judas. Lágrimas de sangue escorriam de seu rosto, carregando atrás de si mágoa e ruína. Impetuosamente saltou ao tablado e, agitando os braços, pôs-se a berrar com ódio.

– Venham a mim, trabalhadores! Não se deixem intimidar por contos e fábulas! Por vocês! Por sua verdade, por sua liberdade lutamos nós! Abaixo as superstições! A verdadeira pátria é o universo; o único Deus é o proveito; o único mandamento é a força! Coroaremos o nosso feito e prescreveremos as leis. E você, carrasco, faça o que é necessário: corte o corpo desse monstro insaciável e dê um pedaço a cada um. E assim avive a minha vingança.

A seguir, exaltando-se ao máximo, ele impeliu o carrasco a empunhar o machado. Seus companheiros inflamavam o ambiente agitando tochas de desordem.

A matilha imunda repetia:

– Morte para ela! Morte!

V

A multidão já estava certa que a desgraça ocorreria, quando, repentinamente, na noite escura, abrindo a penumbra sangrenta e o horizonte sombrio, brilhou um largo raio de clara luz. Entre o carrasco e a vítima surgiu aquele que com seu peito expulsou da terra pátria suecos, alemães e lituanos. Livrou os povos do tormento tártaro e pelo seu serviço fiel e devotado foi chamado o "Sol da Terra Russa".

Sua armadura brilhava e cintilava como a neve ao sol; uma larga auréola iluminava sua cabeça.

Depois de erguer sua espada de fogo, o Protetor do Império cobriu a sofredora inocente com seu corpo luminoso como o relâmpago. Seguindo-o, despontaram de todos os lados figuras santas, tantas vezes admiradas nos livros de orações: mártires, ermitões e monges ascetas. Eles cercaram a moça que jazia estendida no cadafalso e se puseram a lhe tratar os ferimentos.

A corja de fanáticos e traidores saiu em desesperada fuga para todas as direções.

E então Aleksandr Nievskii elevou sua voz grandiosa:

— Nossa luta, irmãos, é a luta da luz contra as trevas. Em harmonia e com coragem, sigam adiante na luta pela salvação do povo e da fé.

Luis Hu Rivas

ESPIRITISMO FÁCIL
Abc do Espiritismo | 21x28 cm | 44 páginas | ISBN 978-85-8353-002-2
Entenda o Espiritismo com poucos minutos de leitura. Podemos lembrar de vidas passadas? Existe a vida em outros planetas? Nos sonhos podemos ver o futuro? Como é a vida depois da morte? Onde está escrita a lei de Deus? Quais são as preces poderosas? Como afastar os maus Espíritos? Quem foi Chico Xavier? E Allan Kardec?

REENCARNAÇÃO FÁCIL
Abc do Espiritismo | 21x28 cm | 44 páginas | ISBN 978-85-8353-011-4
Existe a reencarnação? Quem eu fui em outra vida? Porque não nos lembramos do passado? Quantas vezes reencarnamos? Posso reencarnar como animal? A reencarnação está comprovada? Jesus falou que reencarnamos? O que é o "karma"? Como saber se estamos pagando coisas de outras vidas? Posso ter sido mulher ou homem em outra vida? Como explicar crianças com deficiências e crianças gênios? Podemos reencarnar em outros planetas? Até quando reencarnamos?

Catanduva-SP 17 **3531.4444** | boanova@boanova.net | São Paulo-SP 11 **3104.1270** | boanovasp@boanova.net
Sertãozinho-SP 16 **3946.2450** | novavisao@boanova.net | www.boanova.net | www.facebook.com/boanovaed

AMAR TAMBÉM SE APRENDE
- CAPA DURA

14x21 cm | 144 páginas
Filosófico/Relacionamentos
ISBN: 978-85-99772-99-7

Acredita-se erroneamente que a atual "forma de amar" sempre existiu em todas as épocas. Mas o "conceito ou a maneira de amar" da contemporaneidade não existiu desde sempre. Por essa razão, precisamos nos conscientizar de sua historicidade, ou seja, do conjunto dos fatores que constituem a história de um comportamento, de uma atitude. Assim como todos os povos elegem suas tradições, também constroem suas maneiras de amar.

Condições especiais para pagamento, fale com nossos consultores.

Catanduva-SP 17 3531.4444
Sertãozinho-SP 16 3946.2450
Sao Paulo-SP 11 3104.1270

www.boanova.net
boanova@boanova.net

 /boanovaed

ROMANCESPROIBIDOS
ARIOVALDO CESAR JUNIOR DITADO POR FERNANDES DE ALMEIDA DE MELO

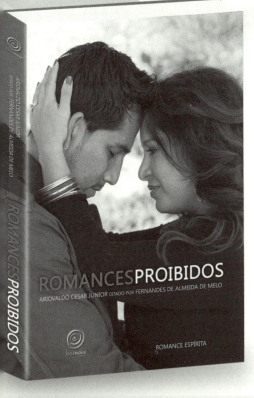

Augusto é um padre que não aceita o celibato e mantém romances proibidos. Era um conquistador hábil, que iludia com certa facilidade, sem pensar nas consequências de seus atos e na dor que causava as que se deixavam levar por suas promessas.

Mas a história toma um novo rumo quando ele se envolve com a própria filha – fruto de um de seus relacionamentos anteriores. Inicialmente ele desconhecia a gravidade de seu ato infeliz. Tempos depois, é levado a refletir e compreender sua existência como Espírito imortal. Se aprendesse com o Evangelho de Jesus não haveria sofrimento nem dor. Mas o Espírito, no estágio evolutivo em que se encontra, dominado pelo egoísmo e pelo orgulho, deixa-se levar pelas ilusões da Terra.

288 páginas
Romance Espírita | Formato: 16x23cm
ISBN 978-85-8353-016-9

Boa Nova Catanduva-SP | (17) 3531.4444 | boanova@boanova.net
Boa Nova São Paulo-SP | (11) 3104.1270 | boanovasp@boanova.net
Boa Nova Sertãozinho-SP | (16) 3946. 2450 | novavisao@boanova.net
www.boanova.net | www.facebook.com/boanovaed

O APRENDIZ DA LEI DO AMOR

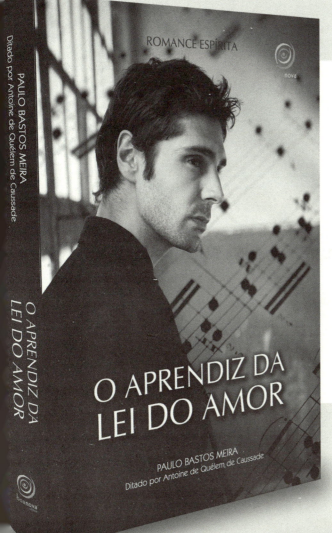

Paulo Bastos Meira
ditado por
Antoine de Quélem de Caussade

416 páginas
Romance | 16x23 cm
978-85-8353-005-3

Quantas vezes uma criança cai para aprender a andar? Quantas vezes erramos até acertar? Quantas vidas levamos para aprender uma lição? A Providência Divina nos abençoa com as vidas sucessivas para que possamos lapidar nossos comportamentos. Conheça três reencarnações de Giácomo, assim como todos nós, um aprendiz da Lei do Amor.

Catanduva-SP 17 3531.4444 | boanova@boanova.net
São Paulo-SP 11 3104.1270 | boanovasp@boanova.net
Sertãozinho-SP 16 3946.2450 | novavisao@boanova.net

ROTEIRO DE ESTUDOS DAS OBRAS DE ANDRÉ LUIZ

ESTUDOS, COMENTÁRIOS E RESUMOS DA SÉRIE: "A VIDA NO MUNDO ESPIRITUAL"

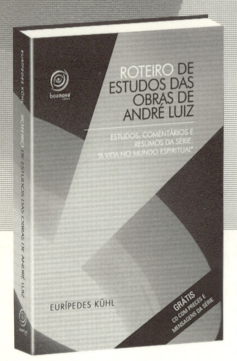

EURÍPEDES KÜHL

Estudo Doutrinário | 16x23 cm | 512 págs
ISBN 978-85-99772-94-2
GRÁTIS - CD COM PRECES E MENSAGENS DA SÉRIE

A coleção de livros de autoria do Espírito André Luiz, psicografada pelo médium Francisc Cândido Xavier (alguns em parceria com Waldo Vieira), constitui um abençoado acervo de ens namentos. Nessa obra, Eurípedes Kühl apresenta resumos, observações e sugestões para fac litar o estudo de todos os livros dessa coleção. Em formato de roteiro, esse livro poderá se estudado individualmente ou em grupo. Indispensável para aqueles que buscam conhecer Espiritismo ou se aprofundar nos conhecimentos da Doutrina.

──────────────── ADQUIRA JÁ O SEU ────────────────

Catanduva-SP 17 3531.4344 | boanova@boanova.net | São Paulo-SP 11 3104.1270 | boanovasp@boanova.net
Sertãozinho-SP 16 3946.2450 | novavisao@boanova.net | www.boanova.net | www.facebook.com/boanovaed